Dialogues sympathiques

A reader for beginning French students

Anne Moreau

National Textbook Company
a division of NTC/CONTEMPORARY PUBLISHING GROUP
Lincolnwood, Illinois USA

The publisher would like to thank Florence A. Brodkey for her contributions to this edition.

Cover design: Lisa Buckley
Interior design: Lucy Lesiak
Interior illustrations: Andrew Grossman, the Toos Studio

ISBN: 0-658-00525-1

Published by National Textbook Company,
a division of NTC/Contemporary Publishing Group, Inc.,
4255 West Touhy Avenue,
Lincolnwood (Chicago), Illinois 60712-1975 U.S.A.

00 01 02 03 04 05 06 07 08 09 CG 0 9 8 7 6 5 4 3 2 1

�@ Contents ✍

৩ Introduction ৩

Dialogues sympathiques is an introductory reader for beginning students of French. The thirty short and humorous dialogues use simple and natural language and deal with a variety of topics that are traditionally featured in basal texts. Students will get lots of practice with authentic and practical conversations. By providing sound models—and humor—for a variety of situations, these dialogues will help students strengthen their own communication skills and thus bolster their self-confidence when they speak French.

Each dialogue starts with a **prereading** activity that encourages students to use their prior knowledge and critical thinking skills to make their own special connection to the dialogue. Lively class-room discussions can result from these **Avant de lire** activities. Each dialogue is followed by comprehension exercises that check students' understanding. Students answer objective questions based on what they have just read, and might also have to complete multiple-choice questions or determine if statements are true or false. The **Avez-vous compris?** section ends with **Et vous?,** so everyone has a chance to express his or her opinion. Following this, there are exercises that focus on the vocabulary, verbs, and structures used in the dialogues. For example, students might identify cognates, synonyms, or antonyms in the **Vocabulaire** section; supply the correct verb form in the **Verbes** section; or choose the right preposition, adverb, or idiom with *faire* in the **Structure** section. The final five dialogues are also accompanied by **Sujet de conversation ou de composition,** so writing and speaking skills may be further enhanced. High-frequency vocabulary and expressions are used throughout to facilitate comprehension, and words from the dialogues have been included in the vocabulary list at the back of the book. A whimsical illustration accompanies each dialogue and adds to the humor and meaning of the text.

Students might enjoy role-playing these dialogues for the rest of the class or for a smaller group. If they do, not only will the "actors" refine their interpretive reading skills, but their audience will strengthen its listening skills. Listening skills may be polished by having students listen to the dialogues on the audiocassette that is also available. Each conversation has been recorded and is read by native speakers.

Dialogues sympathiques is the perfect complement to any basal text for beginners and is the ideal addition to your French class. Students will enjoy reading these engaging conversations as they move toward mastery of the structures needed for self-expression in French. Teachers will appreciate the book's flexible organization that lets them select dialogues in any order to reinforce topics or structures being studied or reviewed in class.

1.

A la douane

AVANT DE LIRE: *Lorsque vous voyagez d'un pays à l'autre, vous devez passer la douane. Que vous demande-t-on lorsque vous passez la douane?*

Monsieur Dupont est à l'aéroport de Roissy–Charles de Gaulle. Il revient d'un voyage en Australie.

M. DUPONT: Bonjour! Enfin en France!
LE DOUANIER: Vos papiers, s'il vous plaît!
M. DUPONT: Les voici. Je suis si fatigué! L'Australie est un pays
                sensationnel, mais c'est un très long voyage.

Le douanier: Avez-vous quelque chose à déclarer? Cigarettes, alcool, fourrures, etc.?

M. Dupont: Non merci, je préfère du café au lait.

✎ AVEZ-VOUS COMPRIS? ✎

A. Répondez à ces questions par des phrases complètes en français.

1. Comment s'appelle le passager?
2. D'où vient-il?
3. Où est-il?
4. Avec qui parle-t-il?
5. Comment est l'Australie?
6. Que lui demande le douanier?
7. Monsieur Dupont, comprend-il la question du douanier?

B. Et vous?

1. Comment vous appelez-vous?
2. Où êtes-vous en ce moment?
3. Voyagez-vous souvent?
4. Où aimez-vous aller?
5. Avec qui voyagez-vous?
6. Aimez-vous votre pays?
7. Comment s'appelle votre pays?
8. Comment s'appelle votre ville?

✎ VOCABULAIRE ✎

A. Synonyms are words that have similar meanings. Match these synonyms.

A	B
1. en ce moment	a. bagages
2. valises	b. excursion
3. sensationnel	c. fantastique
4. voyage	d. tabac
5. cigarettes	e. maintenant

B. Antonyms are words that have opposite meanings. Match these antonyms.

A	B
1. long	**a.** horrible
2. paresseux	**b.** rien
3. sensationnel	**c.** antipathique
4. toujours	**d.** court
5. quelque chose	**e.** travailleur
6. sympathique	**f.** jamais

✌ VERBES ✌

A. Complete each statement with the appropriate form of *être* or *avoir*.

1. L'aéroport Roissy–Charles de Gaulle _____ en France.

2. _____ -vous froid ou chaud en ce moment?

3. _____ -tu de Chicago?

4. Quel âge _____ -tu?

5. Nous _____ en classe.

6. _____ -t-il quelque chose à déclarer?

7. Je ne _____ pas douanier.

8. Le douanier n' _____ pas sympathique.

9. J' _____ un passeport.

10. _____ -tu assez grand pour fumer?

B. Complete the sentences with the appropriate form of the verbs indicated.

1. Vous _____ le chien.	*(appeler)*
2. Il _____ en bateau.	*(voyager)*
3. Vous _____ très gentil.	*(être)*
4. Je _____ riche.	*(être)*
5. J' _____ des livres.	*(avoir)*
6. Nous _____ français.	*(parler)*
7. Tu _____ Paris.	*(habiter)*

3

✆ STRUCTURE ✇

A. Unscramble the words to form a sentence in French.

1. très/tu/sympathique/es
2. ville/Paris/est/une/belle
3. à/déclarer/vous/quelque chose/avez/?
4. Etats-Unis/revient/il/des
5. nous/voyages/aimons/les
6. vous/comment/appelez/vous/?
7. Roissy–Charles de Gaulle/est/où/?

B. Complete the following passage by inserting the appropriate words from those given below.

Sam vient d'Australie. C'est un grand **(1)** _____ .
Sa capitale **(2)** _____ Sydney. **(3)** _____, Sam est à
(4) _____ de Roissy–Charles de Gaulle. Il parle avec le
(5) _____. Il est pressé de voir la **(6)** _____.

capitale	s'appelle	maintenant
pays	l'aéroport	douanier

2.

Dans la cuisine

Avant de lire: *Qu'aimez-vous cuisiner? Comment préparez-vous ce plat?*

Il est cinq heures et demie. Pierre et sa mère sont dans la cuisine et parlent du dîner.

PIERRE: Maman, qu'allons-nous faire à dîner ce soir?

MÈRE: Je vais faire un ragoût de bœuf avec du riz.

PIERRE: C'est délicieux. J'adore la façon que tu as de préparer le ragoût.

MÈRE: Le repas sera prêt dans une heure.

PIERRE: Maman, pourquoi pleures-tu?

MÈRE: Ce n'est rien, mon chéri. Ce sont les oignons. Ils me font toujours pleurer.

PIERRE: Les oignons te font pleurer?
MÈRE: Oui, Pierre.
PIERRE: Mais alors, quel légume te fait rire?

◖ AVEZ-VOUS COMPRIS? ◗

A. Match the segments in columns A and B.

	A		B
1.	J'aime	**a.**	avec du riz.
2.	C'est du ragoût	**b.**	est dans la cuisine.
3.	Le repas sera prêt	**c.**	le ragoût de bœuf.
4.	Pierre	**d.**	pour dîner ce soir?
5.	Qu'allons-nous préparer	**e.**	dans une heure.

B. Répondez à ces questions par des phrases complètes.

1. Quelle heure est-il?
2. Où sont Pierre et sa mère?
3. Que demande Pierre à sa mère?
4. Qu'est-ce que la mère de Pierre va préparer?
5. Qu'est-ce qu'un ragoût?
6. Est-ce que Pierre aime le ragoût?
7. A quelle heure le ragoût sera-t-il prêt?
8. Pourquoi la mère pleure-t-elle?

C. Et vous?

1. A quelle heure dîne-t-on chez vous?
2. Faites-vous la cuisine? Bien ou mal?
3. Que préparez-vous pour déjeuner? Pour dîner?
4. Quelle est votre met (*food*) favori?
5. Les oignons vous font-ils pleurer?

◖ VOCABULAIRE ◗

A. Cognates are words that have a similar root or element in both French and English. For example, *salade* is a cognate of *salad*. Give the English equivalents of the following.

1.	tomate	**6.**	céleri
2.	carotte	**7.**	concombre
3.	laitue	**8.**	persil
4.	oignon	**9.**	poire
5.	radis	**10.**	orange

B. Match these synonyms. Then complete the sentence below by using the letters that appear within a box to form a new word.

A	B
1. m̄ère	**a.** végétaux
2. āimer	**b.** prendre le dîner
3. dîn̄er	**c.** maman
4. léḡumes	**d.** adorer
5. prépar̄er les repas	**e.** faire la cuisine

Je _____ à huit heures du soir.

C. Match these antonyms. Then complete the sentence below by rearranging the letters that appear within a box to form a new word.

A	B
1. savoir	**a.** facīle
2. bon	**b.** dēḷester
3. difficile	**c.** ign̄orer
4. aimer	**d.** maūvais

La _____, on peut voir la lune.

⟪ VERBES ⟫

Complete the sentences with the correct form of *faire*.

1. Est-ce qu'il _____ beau aujourd'hui?

2. Je n'aime pas _____ la cuisine.

3. Que _____ -tu après quatre heures?

4. Ma mère _____ bien les frites.

5. En hiver je _____ du ski.

⟪ STRUCTURE ⟫

A. Vos habitudes. Write in French at what time you do the following things.

1. Je sors de l'école à _____. *(3:00)*

2. Je rentre à la maison à _____. *(5:55)*

3. Je prends l'autobus à _____. *(17:20)*

4. Ma pause déjeuner *(lunch break)* est à _____. *(12:10)*

7

5. Mon cours de français est à _____
tous les matins. *(9:30)*

6. Mon cours se termine à _____. *(10:15)*

7. L'après-midi je reprends les cours
à _____. *(14:00)*

8. Je prends le train de _____. *(8:07)*

9. Je fixe mes rendez-vous à _____. *(1:20)*

10. Je vais au cinéma à _____. *(5:45)*

B. A quelle heure? Answer these questions using the time
indicated in parentheses.

    1. A quelle heure dînez-vous? *(6:30 P.M.)*

    2. A quelle heure dîne-t-on en France? *(7:30 P.M.)*

    3. A quelle allez-vous en classe? *(9:00 A.M.)*

    4. A quelle heure regardez-vous les nouvelles? *(6:00 P.M.)*

    5. A quelle heure vous couchez-vous? *(10:00 P.M.)*

C. Read the paragraph and select the appropriate word from
those given to complete each statement.

Paul et sa mère sont dans la **(1)** _____. Ils parlent du
(2) _____. La mère va **(3)** _____ un ragoût. Paul
demande pourquoi sa mère **(4)** _____. Il est
(5) _____ quand elle répond les **(6)** _____ la font
pleurer.

dîner	préparer	oignons
cuisine	surpris	pleure

3.
Au club sportif

AVANT DE LIRE: *Est-ce que vous faites de la gymnastique? Pourquoi? Aimez-vous être en forme?*

Tous les mercredis, Jacques et son ami Robert vont au gymnase ensemble. Tous les deux aiment le sport, surtout le football. Tous les deux font beaucoup d'exercice.

ROBERT: Jacques, tout le monde dit que je suis trop gros et que je devrais* maigrir.
JACQUES: Je pense que les gens ont raison.

---

*je devrais I should

ROBERT: Pourquoi penses-tu cela? Je ne suis pas gros.

JACQUES: Voyons, combien pèses-tu?

(Robert monte sur une balance.)

JACQUES: Et alors? Combien pèses-tu?

ROBERT: Je pèse . . . 230 livres. Mais ce n'est pas mon poids réel parce que je suis habillé.

JACQUES: Tu as raison. Si tes vêtements pèsent environ 60 livres, alors je suis d'accord, tu n'es pas gros.

ᴁ AVEZ-VOUS COMPRIS? ᴂ

A. Indicate whether these statements are true or false. Write *V* for *vrai* and *F* for *faux*. If the statement is false, correct it to make it true.

1. (   ) Jacques et Robert vont ensemble au gymnase tous les jours.
2. (   ) Tous les deux aiment le football.
3. (   ) Ils font peu d'exercice.
4. (   ) Tout le monde dit que Robert est gros.
5. (   ) Jacques dit que les gens ont raison.
6. (   ) Robert pèse 120 livres.
7. (   ) Les vêtements de Robert pèsent 60 livres.
8. (   ) Robert ne pense pas qu'il est gros.

B. Répondez à ces questions par des phrases complètes.

1. Comment s'appellent les deux amis?
2. Vont-ils ensemble au gymnase?
3. Quand vont-ils au gymnase?
4. Quel est leur sport préféré?
5. Font-ils beaucoup d'exercice?
6. Que dit tout le monde au sujet de *(about)* Robert?
7. Jacques pense-t-il que les autres ont raison?
8. Combien Robert pèse-t-il?

C. Et vous?

1. Pratiquez-vous un sport?
2. Quel est votre sport préféré?
3. Allez-vous au gymnase?
4. Faites-vous beaucoup d'exercice?
5. Pensez-vous que vous êtes gros/mince? Pourquoi?

✿ VOCABULAIRE ✿

A. Name five sports with English names that are played by the French.

B. Complete with the appropriate word.

1. J'aime l'eau. Je fais de
   _____.
2. J'aime les chevaux.
   Je fais de _____.
3. Je fais des kilomètres à
   bicyclette. Mon sport
   c'est _____.
4. J'aime marcher en foret.
   Je pratique _____.
5. Je m'entraîne *(I am
   training)* pour le
   marathon. Mon sport
   c'est _____.

le cyclisme
la randonnée pédestre
l'équitation (f.)
la course
la natation

C. Antonyms. Match the following words or expressions that have opposite meanings.

A	B
1. morte de fatigue	a. ancien
2. contente	b. soir
3. été	c. déçue
4. nouveau	d. en pleine forme
5. matin	e. hiver

✿ VERBES ✿

A. Complete the sentences using the appropriate form of the verbs given in the model.

1. Sylvie *va revenir* demain.
   Tu _____ demain.
   Nous _____ demain.
   Paul et Pierre _____ demain.
   Qui _____ demain?

2. Nadine *fait* de l'aérobic.
   Est-ce que tu _____ de la musculation?
   Toi et moi, nous _____ du ski.
   _____ -vous du cyclisme?
   Je veux _____ du jogging.

3. Le tennis et la natation m'*intéressent*.
   Nous nous _____ au football.
   Le football _____ les joueurs.
   Est-ce que le tennis et la natation vous _____?
   Vous ne vous _____ pas à l'équitation.

B. In each of the following statements, supply the appropriate form of the verb *intéresser, faire,* or *aller* as required by the meaning of the statement. Make any changes in the statement that are required by the verb you choose.

1. C'est la politique qui le _____ le plus.
2. Je _____ du sport pour garder la ligne.
3. Est-ce que la musique te _____?
4. Demain, il _____ neiger.
5. Nous _____ à l'école en bus.
6. Quand il _____ chaud, elles font de la natation.
7. Je ne _____ pas de jogging.

◖◗ STRUCTURE ◖◗

A. Adjectives. Complete the following statements with the correct form of the adjective.

1. C'est une robe _____.	*(blanc)*
2. Je veux une _____ voiture.	*(nouveau)*
3. Sylvie est _____ de fatigue.	*(mort)*
4. Aimez-vous les _____ livres?	*(vieux)*
5. Votre frère et toi, êtes-vous _____ d'aller aux sports d'hiver?	*(content)*
6. Je ne suis pas _____ en mathématiques.	*(bon)*
7. Le moniteur de ski est _____.	*(sévère)*
8. Nadine, es-tu _____?	*(fatigué)*
9. Je n'aime pas la moutarde (*mustard*) _____.	*(fort)*
10. J'adore les _____ voitures.	*(vieux)*

B. Write sentences in the present tense with the words indicated. Follow the model.

MODEL: jouer/tennis/aimer/Sylvie/au
   Sylvie aime jouer au tennis.

1. que/faire/vous/fin de semaine/?
2. piscine/pourquoi/aller/à/vous/la/?
3. ils/être/pas/bonne/forme/en
4. week-end/je/se reposer/pendant/le
5. pour/ligne/il/faire/garder/jogging/la/du
6. le/matin/gymnastique/faire/nous

4.
A la banque

AVANT DE LIRE: *Presque tout le monde garde l'argent à la banque. Avez-vous un compte en banque?*

Nathalie va à la banque pour changer un billet de cinq cents francs.

EMPLOYÉ DE BANQUE: Entrez vite, mademoiselle, nous allons fermer.

NATHALIE: Merci, monsieur. Il y a beaucoup de monde aujourd'hui.

EMPLOYÉ DE BANQUE:	Oui, c'est le jour de paye. Les gens viennent déposer leur chèque. Mettez-vous dans la queue,* s'il vous plaît. *(Nathalie fait la queue. Après presque une demi-heure d'attente, elle atteint le devant de la queue.)*
NATHALIE:	Pourriez-vous me changer un billet de cinq cents francs, s'il vous plaît?
EMPLOYÉE AU GUICHET:	Est-ce que vous voulez des billets de vingt, cinquante, cent ou deux cents francs?
NATHALIE:	Peut-être pouvez-vous me donner des billets de mille francs, s'il vous plaît. *(Elle rit.)*
EMPLOYÉE AU GUICHET:	Très drôle, mademoiselle. Nous n'avons pas l'habitude de donner de l'argent.
NATHALIE:	Dommage. Mais puisque vous avez si peu le sens de l'humour, donnez-moi donc des billets de vingt et de cinquante francs, s'il vous plaît.

◖ AVEZ-VOUS COMPRIS? ◗

A. Indicate whether these statements are true or false. Write *V* for *vrai* and *F* for *faux*. If the statement is false, correct it to make true.

1. (   ) Nathalie arrive quand la banque s'apprête *(is about)* à fermer.
2. (   ) L'employé de banque ne laisse pas entrer Nathalie.
3. (   ) Il y a peu de clients à la banque.
4. (   ) Nathalie doit faire la queue.
5. (   ) Nathalie fait la queue pendant une heure.
6. (   ) L'employé au guichet est un homme.
7. (   ) Nathalie veut changer un billet de cinq cents francs.
8. (   ) D'après Nathalie, l'employée au guichet n'a pas le sens de l'humour.

---

*queue line

15

B. Répondez à ces questions par des phrases complètes.

1. Où va Nathalie?
2. Pourquoi va-t-elle à la banque?
3. Quand Nathalie arrive à la banque, peut-elle entrer?
4. Combien y a-t-il de clients dans la banque?
5. Pourquoi y a-t-il tant de monde à la banque?
6. Qui sert Nathalie?
7. Qu'est-ce que l'employée au guichet demande à Nathalie?
8. Quelle est la réaction de l'employée à la blague de Nathalie?

C. Et vous?

1. Allez-vous généralement à la banque pour y déposer de l'argent ou pour encaisser des chèques?
2. Avez-vous un compte en banque?
3. Quel type de compte avez-vous? Chèques? Ou épargne *(savings)*?
4. Est-ce que vous économisez ou est-ce que vous dépensez tout votre argent?
5. Est-ce que vous utilisez également les guichets automatiques? Quand les utilisez-vous?

ஒ VOCABULAIRE ஒ

A. Match the following antonyms.

A	B
1. dépenser	a. ouvrir
2. bonjour	b. méchanceté
3. drôle	c. hier
4. lendemain	d. au revoir
5. fermer	e. triste
6. gentillesse	f. économiser

B. Complete each statement with the correct form of the appropriate term based on the meaning of the statement.

1.	Le clown est _____.	*triste*
2.	A la fin du mois, les ouvriers _____ leur chèque à la banque.	*fermer* *peu* *changer*
3.	A six heures, les magasins _____.	*drôle* *déposer*
4.	Pour avoir de la monnaie, il faut _____ les billets.	*au revoir* *économiser*
5.	Si on n'a pas l'argent pour acheter quelque chose tout de suite, il faut _____.	
6.	Si on n'a pas beaucoup de quelque chose, on en a _____.	
7.	Avant de partir, il faut dire _____.	
8.	Lorsqu'il pleut et qu'il fait gris, je me sens _____.	

◄◙ VERBES ◙►

A. Complete each statement with the appropriate form of *devenir, venir,* or *vouloir,* as required by the meaning of the sentence.

1. Je _____ un disque pour mon anniversaire.
2. Je vais déposer l'argent que je _____ de recevoir pour Noël.
3. Je fais des économies pour _____ riche.
4. Le caissier _____ de prendre mon chèque.
5. Je _____ utiliser la carte de crédit de ma mère.
6. La banque _____ de fermer.

B. Change the tense of each statement by replacing *aller* + infinitive with *venir de* + infinitive.

1. Je vais déposer mon argent à la banque.
2. Est-ce que tu vas t'acheter un disque?
3. Est-ce que nous allons recevoir un cadeau de Noël?
4. Le caissier va prendre le chèque.
5. Jacques et Nicole vont parler à leur mère.

❦ STRUCTURE ❧

A. Complete each statement with the appropriate form: *de, du, de la,* or *des.*

1. Il est le maire *(mayor)* _____ ville.
2. C'est l'heure _____ déjeuner.
3. Le frère _____ Jacques s'appelle Louis.
4. Avant de quitter le guichet, je fais la somme _____ billets.
5. Nous revenons _____ banque.
6. Elle lui parle _____ livre.

B. Complete each statement with the appropriate form of the possessive adjective *mon, ton, son,* or *votre.*

1. Je ne veux pas mettre _____ argent à la banque.
2. Jacques demande de l'argent à _____ mère.
3. Est-ce que _____ grand-père fait de la bicyclette?
4. J'aime _____ mère.
5. Promenez-vous _____ chien?
6. Que vas-tu dire à _____ mère?
7. Mon père a perdu _____ portefeuille *(billfold).*
8. Vous avez la place 15. C'est _____ place.
9. Tu portes une jolie robe. J'aime _____ robe.
10. Michel a les cheveux longs. _____ cheveux sont trop longs.

5.
Au restaurant fast-food

AVANT DE LIRE: *Que pensez-vous de la restauration rapide* (fast food)?

C'est l'heure du déjeuner. Une dame d'un certain âge[1] entre dans un restaurant de restauration rapide.

JEUNE EMPLOYÉ: Que désirez-vous, madame?
LA DAME: Hum. Laissez-moi réfléchir.
JEUNE EMPLOYÉ: Voulez-vous essayer un de nos plats du jour?
LA DAME: Qu'avez-vous?
JEUNE EMPLOYÉ: Eh bien, vous avez le choix entre un cheeseburger, une escalope de poulet[2] et un filet de poisson.

---

[1] **d'un certain âge** middle-aged
[2] **escalope de poulet** chicken breast

LA DAME:	Je voudrais le cheeseburger.
L'EMPLOYÉ:	Avec du bacon?
LA DAME:	Oui, et beaucoup, s'il vous plaît.
JEUNE EMPLOYÉ:	Qu'est-ce que vous voulez d'autre sur votre cheeseburger?
LA DAME:	Ajoutez, s'il vous plaît, des oignons, des tomates, de la salade et aussi des cornichons.
JEUNE EMPLOYÉ:	Est-ce que ça ira?
LA DAME:	Oui, mais pas si vite. Ne préparez pas la nourriture si rapidement. Mon docteur me conseille d'éviter la restauration rapide parce que ce n'est pas très bon pour la santé.

◖ AVEZ-VOUS COMPRIS? ◗

A. Indicate whether these statements are true or false. Write *V* for *vrai* and *F* for *faux*. If the statement is false, correct it to make it true.

1. ( ) La dame va au restaurant fast-food pour le petit déjeuner.
2. ( ) Il y a trois plats du jour.
3. ( ) La dame commande un cheeseburger.
4. ( ) La dame ne veut pas de bacon.
5. ( ) Le jeune employé donne à la dame un cheeseburger avec seulement du bacon.
6. ( ) La dame n'aime pas les cornichons.
7. ( ) Son docteur dit que la restauration rapide n'est pas très bonne pour la santé.

B. Répondez à ces questions par des phrases complètes.

1. Où la dame va-t-elle pour manger?
2. Combien y a-t-il de plats du jour?
3. Quels sont-ils?
4. Qu'est-ce que la dame commande?
5. Est-ce que le plat du jour est servi avec du fromage?
6. Et du bacon?
7. Qu'est-ce que la dame aimerait encore sur son hamburger?
8. Est-ce que la dame suit les recommandations de son médecin?

C. Et vous?

1. Aimez-vous la restauration rapide?
2. Quel est votre plat favori?
3. Est-ce que vous préférez manger dehors ou ramener des plats préparés chez vous?
4. La restauration rapide est-elle bonne pour la santé? Pourquoi ou pourquoi pas?
5. Quelles nourritures sont bonnes pour la santé?

◖ VOCABULAIRE ◗

A. Indicate the word that does not belong in the group.

1. oignon	tomate	hamburger	poivron
2. douane	café	cafétéria	restaurant fast-food
3. mère	fils	papa	moniteur
4. lait	vin	cigarettes	alcool

B. Complete the sentences using French terms that are also part of the English language.

1. Olivier et Claude se promènent sur le _____ Saint-Michel.
2. Ils veulent déjeuner dans un _____ fast-food.
3. Dans une crêperie, on mange des _____.
4. Les Français pensent que la _____ française est la meilleure.
5. En France, on commence le repas par un _____. Ensuite on mange le plat de résistance *(main course)*.
6. C'est agréable de s'asseoir à une terrasse de _____ pour regarder les gens passer.

◖ VERBES ◗

Complete each sentence using the appropriate form of *vouloir* or *savoir* or *il y a*.

1. Qu'est-ce que vous _____ boire?
2. Est-ce qu' _____ un café dans votre ville?
3. Est-ce qu'elle _____ où est le restaurant fast-food?
4. Ta mère et toi, vous _____ où est le restaurant.
5. Pourquoi est-ce que (ne pas) _____ de vin dans les McDonald's aux Etats-Unis?

$\longrightarrow$

6. Je _____ où est le livre.

7. Qu'est-ce qu'elle _____ manger?

8. Où est-ce qu' _____ des restaurants fast-food en France?

9. Que _____ -ils avec leur hamburger?

10. Nous ne _____ pas de bacon.

11. _____ toujours des frites au menu?

12. Ils ne _____ pas où est la banque.

❦ STRUCTURE ❧

A. Write the appropriate question for each statement.

1. J'aime manger dans les restaurants fast-food.

2. Je déjeune généralement à midi.

3. Je prends un sandwich avec une limonade.

4. Je préfère déjeuner avec des amis.

5. Les repas ne coûtent pas cher dans les fast-foods.

6. Je ne mange pas dans les restaurants chers parce qu'il faut donner un pourboire.

7. Les crêpes sont la spécialité de la Bretagne.

8. On peut manger vite dans les fast-foods.

B. Complete each statement with the preposition *à, de, dans, sur,* or *avec.*

1. Ils entrent _____ un restaurant fast-food.

2. Aimez-vous vous promener _____ le boulevard Saint-Michel?

3. Il y a un café _____ la gare Saint-Lazare.

4. Les deux garçons se mettent _____ dévorer leur repas.

5. L'homme a du mal _____ manger le hamburger.

6. La prochaine fois, on dira aux copains _____ venir avec nous.

7. J'ai fini _____ manger.

8. Elle déjeune _____ ses amies.

9. Il y a beaucoup de monde _____ midi dans ce restaurant.

10. Je paie la note avant _____ quitter le restaurant.

6.
Au centre commercial

AVANT DE LIRE: *Est-ce que vous faites vos achats dans des centres commerciaux? Qu'aimez-vous faire d'autre dans les centres commerciaux?*

Laure et Daniel font des achats au centre commercial. Laure voit un magasin de chaussures et appelle Daniel pour qu'il vienne voir des chaussures.

LAURE: Daniel, regarde. Il y a un magasin de chaussures.
         Pourquoi est-ce qu'on n'entre pas?
DANIEL: Non, pas aujourd'hui.

LAURE: Mais tu viens juste de me dire que tu as besoin de nouvelles chaussures.

DANIEL: Oui, mais je préfère revenir un autre jour.

LAURE: Tu es à court d'argent? Est-ce que c'est le problème? Je peux te prêter de l'argent.

DANIEL: Non, ce n'est pas ça.

LAURE: Allons, on est amis. Je peux te prêter l'argent. Ce n'est pas du tout un problème.

DANIEL: Ce n'est pas ça.

LAURE: Alors, quel est le problème?

DANIEL: J'ai un gros trou* dans ma chaussette, et j'ai honte d'enlever mes chaussures.

LAURE: Comme tu es bête! Pourquoi ne pas me l'avoir dit plus tôt? Allez viens, rentrons à la maison.

◄ AVEZ-VOUS COMPRIS? ►

A. Indicate whether these statements are true or false. Write *V* for *vrai* and *F* for *faux*. If the statement is false, correct it to make it true.

1. (   ) Laure est au magasin de chaussures avec son ami Daniel.

2. (   ) Daniel a besoin d'acheter des chaussures.

3. (   ) Laure entre dans le magasin de chaussures, mais pas Daniel.

4. (   ) Daniel entre dans le magasin de chaussures, mais pas Laure.

5. (   ) Daniel veut acheter des chaussures aujourd'hui.

6. (   ) Aucun d'eux n'entre dans le magasin.

7. (   ) Daniel ne veut pas entrer dans le magasin de chaussures parce qu'il a un trou dans sa chaussette.

8. (   ) Daniel a honte d'enlever ses chaussures.

---

*trou hole

B. Répondez à ces questions par des phrases complètes.

1. Où sont Laure et Daniel?
2. Quel genre de boutique Laure voit-elle?
3. Laure veut-elle entrer dans le magasin?
4. Et Daniel?
5. Daniel a-t-il besoin d'acheter des chaussures?
6. Daniel est-il à court d'argent *(short of money)*?
7. Entrent-ils tous les deux dans le magasin?
8. Pourquoi Daniel ne veut-il pas entrer dans le magasin?

C. Et vous?

1. Est-ce que vous allez souvent faire des courses?
2. Où aimez-vous aller faire vos achats?
3. Aimez-vous les grands centres commerciaux?
4. Qu'achetez-vous généralement?
5. Est-ce que vous dépensez beaucoup ou n'achetez-vous que ce dont vous avez besoin?

◖ VOCABULAIRE ◗

A. Match the following antonyms.

A	**B**
1. stupide	**a.** ennemi
2. entrer	**b.** vieux
3. neuf	**c.** emprunter
4. gros	**d.** sortir
5. prêter	**e.** intelligent
6. ami	**f.** mince

B. Indicate the word that does not belong in the group.

1. chaussure	botte	sandale	gant
2. magasin	marchandise	serveur	vitrine
3. prêter	emprunter	rendre	charger
4. supermarché	centre commercial	boutique	pourboire
5. solde	marque	promotion	démarque

C. Write complete sentences with the words that answer the following definitions.

1. endroit où sont rassemblés de nombreux magasins
2. synonyme de *économiser*
3. le contraire de *entrer*
4. pas très intelligent
5. le contraire de *acheter*
6. le contraire de *ennemi*

◖ VERBES ◗

A. Complete the sentences with the appropriate form of the verb indicated.

1. Il _____ des chaussures.   *(acheter)*
2. J'_____ un trou dans ma chaussette.   *(avoir)*
3. Nous _____ emprunter de l'argent.   *(ne pas aimer)*
4. Vous _____ dans le magasin.   *(entrer)*
5. Ils _____ de très bons repas.   *(préparer)*
6. Tu _____ trop.   *(manger)*

B. Complete the sentences with the correct form of the appropriate verb.

1. Les clients _____ dans le magasin.
2. Le passager _____ de Paris.
3. Pour garder la ligne *(to keep in shape),* nous _____ tous les jours.
4. Il faut aller à la banque pour _____ de l'argent.
5. Au restaurant, ton frère et toi, vous _____ un pourboire au serveur.
6. Le 25 décembre, nous _____ Noël.
7. Que _____-vous le 31 décembre?
8. Quelle _____ la date de votre anniversaire?

arriver
célébrer
changer
donner
entrer
être
faire
marcher

⟪ STRUCTURE ⟫

A. Complete each statement with the appropriate preposition, if necessary.

1. Le menu est difficile _____ comprendre.
2. Je vais _____ prendre le hamburger.
3. Aimez-vous aller _____ centre commercial?
4. La vendeuse montre les chaussures _____ mon amie.
5. Est-ce que vous aimez les chaussures _____ talons?

B. Change each sentence to indicate that the action has just been performed. Follow the model.

MODEL: Je t'appelle au téléphone.
Je viens de t'appeler au téléphone.

1. Je bois un jus de fruit.
2. Tu lui donnes un cadeau.
3. Il te raconte une histoire.
4. Nous l'aidons à faire ses devoirs.
5. Vous vendez votre maison.
6. Ils écrivent une lettre.

7.
La chambre de Pascal

AVANT DE LIRE: *Faites-vous vos devoirs à temps?*

Monsieur Georges Petit est le père de Pascal. Monsieur Petit entre dans la chambre de Pascal et voit son fils devant la télévision. Il demande à son fils s'il a des devoirs.

PASCAL: Bonjour, Papa. Ça va?
MONSIEUR PETIT: Très bien, mon garçon. Et toi? Comment s'est passée ta journée?
PASCAL: Bien, Dieu merci, c'est vendredi.

MONSIEUR PETIT: Tu as beaucoup de travail pour lundi?
PASCAL: J'en ai un peu.
MONSIEUR PETIT: Montre-moi ce que tu as à faire.
PASCAL: C'est tout ce que j'ai à faire.
MONSIEUR PETIT: Mais mon garçon, tu as beaucoup de travail. Comment peux-tu dire que tu as peu à faire?
PASCAL: Parce que c'est tout ce que je vais faire: un peu . . .

✎ AVEZ-VOUS COMPRIS? ✎

A. Match the segments in columns A and B.

A	B
1. Pascal est	**a.** peu de devoirs.
2. Pascal dit qu'il a	**b.** pour lundi.
3. Pascal a	**c.** un peu.
4. Les devoirs de Pascal sont	**d.** devant la télévision.
5. Pascal va seulement faire	**e.** beaucoup à faire.

B. Répondez à ces questions par des phrases complètes en français.

1. Quel est le nom du père de Pascal?
2. Dans quelle pièce le père de Pascal entre-t-il?
3. Que fait Pascal?
4. Quel jour est-on?
5. Est-ce que Pascal a beaucoup de travail pour lundi?
6. Pascal dit-il qu'il a beaucoup de travail?
7. D'après son père, combien de travail Pascal a-t-il?
8. Combien Pascal a-t-il l'intention de faire?

C. Et vous?

1. Avez-vous beaucoup de devoirs tous les jours?
2. Où faites-vous vos devoirs?
3. Préférez-vous regarder la télé ou faire vos devoirs?
4. Avez-vous des projets à faire avec vos camarades?
5. Aimez-vous travailler en groupe?

❦ VOCABULAIRE ❧

A. Match the following antonyms.

	A		B
1.	de bonne heure	**a.**	sale
2.	avoir raison	**b.**	ancien
3.	propre	**c.**	très tard
4.	nouveau	**d.**	désordre
5.	ordre	**e.**	avoir tort

B. Complete each statement with words found in the dialogue.

1. Le père de Pascal pense qu'il a _____ travail.

2. Pascal _____ la télévision.

3. Le dernier jour de la semaine avant le week-end est _____.

4. Pour ne pas grossir, je mange _____.

5. Est-ce que tu _____ toujours la vérité?

6. Après le dimanche vient le _____.

❦ VERBES ❧

Complete these sentences with the appropriate form of the verb given in the model.

1. Le garçon ne *fait* rien.
Je _____ tout.
Ma mère et mon frère _____ la cuisine.
Que _____ -tu?
Mon ami et moi, nous _____ nos devoirs.

2. Tu *dis* la vérité.
Mon frère et moi, nous _____ la même chose.
Vous _____ des mensonges.
Je ne _____ rien.
Laure et vous, vous _____ qu'ils ne viendront pas.

3. Je *dois* faire mes devoirs.
Mon frère _____ parler au professeur.
Ma mère _____ préparer le dîner.
Les étudiants _____ arriver à l'heure *(to be on time)* au cours.
Mes amis et moi, nous _____ étudier.

❧ STRUCTURE ❧

A. Complete each sentence with the appropriate possessive adjective.

1. Pascal va chez _____ copain.
2. Martine range _____ disques.
3. _____ parents sont fiers de lui.
4. Nous aimons _____ parents.
5. Claude aime _____ sœur.

B. Complete the sentences with the appropriate demonstrative adjectives.

1. Je n'aime pas _____ attitude.
2. _____ livre est très intéressant.
3. _____ chaussures sont trop grandes.
4. Il faut que j'étudie _____ chapitres pour l'examen.
5. _____ examen est très difficile.

8.

Dans la rue

Avant de lire: *Est-ce que vous aimez faire des ballades en voiture? Où allez-vous?*

C'est le week-end. Deux petits frères jouent dans la rue. Soudain, leur père sort de la maison.

ALBERT: Regarde, Louis. Voilà papa et il tient les clefs de la voiture dans sa main.
LOUIS: Où va-t-il?
ALBERT: Je ne sais pas, mais allons-y avec lui.
LOUIS: Papa, tu sors? Est-ce qu'on peut venir avec toi?
LE PÈRE: Non, mes garçons. Je reviens tout de suite.

LOUIS: Mais papa . . . !

LE PÈRE: Tu ne comprends pas. Je vais juste à côté.

ALBERT: Je veux aller avec toi, papa.

LOUIS: Moi aussi.

LE PÈRE: D'accord, mais il faut bien vous tenir.

ALBERT: Je m'assois à côté de papa.

LOUIS: Non. C'est toujours toi qui t'assois à côté de papa.

LE PÈRE: Je ne fais qu'aller ici. Je vous en prie.

LOUIS: Mais où vas-tu?

LE PÈRE: Juste pour garer la voiture, nigauds.

✿ AVEZ-VOUS COMPRIS? ✿

A. Select the word or expression that best completes each statement.

1. C'est (dimanche, mercredi, lundi).
2. Les frères (jouent, courent, s'entraînent) dans la rue.
3. (Un autre frère, Leur mère, Leur père) sort de la maison.
4. Il tient (le journal, des jouets, les clefs) dans la main.
5. Les frères veulent (aller avec, aider, jouer avec) leur père.
6. Louis veut s'asseoir (loin de, devant, à côté de) son père.
7. Le voyage va être (long, court, difficile).
8. Le père va (garer, laver, nettoyer) la voiture.

B. Répondez à ces questions par des phrases complètes en français.

1. Où sont les frères?
2. Que font-ils?
3. Qui sort de la maison?
4. Qu'est-ce que le père a dans la main?
5. Qu'est-ce que les frères veulent faire?
6. Où les petits frères veulent-ils s'asseoir?
7. Est-ce que le voyage va être long?
8. Où le père va-t-il?

C. Et vous?

1. Conduisez-vous? Bien ou mal?
2. Avez-vous une voiture?
3. Qui a une voiture dans votre famille?
4. De quelle couleur est la voiture?
5. Aimez-vous aller en voiture ou prendre l'autobus?

◖ VOCABULAIRE ◗

A. Match the following antonyms.

A	B
1. *sort	**a.** *ignorer
2. à côté	**b.** sans toi
3. *dehors	**c.** *la dernière fois
4. la prochaine fois	**d.** dans la maison
5. avec toi	**e.** loin
6. *savoir	**f.** entre

B. Create an original sentence for each word or expression that is starred in Exercise A.

C. Match the word in column A with the appropriate group of verbs in column B.

A	B
1. clef	**a.** voyager, visiter, connaître, voir
2. dehors	**b.** ouvrir, fermer
3. voyage	**c.** nager, suer, être en forme, jouer au tennis
4. restaurant	**d.** manger, boire, payer, demander
5. club sportif	**e.** se promener, conduire, courir
6. repas à la maison	**f.** faire des courses, faire la cuisine, mettre la table, manger

❧ VERBES ❧

A. Complete each sentence with the appropriate form(s) of the verb(s) given in the model.

1. Ils *se précipitent* vers la voiture pour aller se *promener.*

   Tu _____ vers la voiture pour aller _____.

   Vous _____ vers la voiture pour aller _____.

   Toi et moi, nous _____ vers la voiture pour aller

   _____.

   Le petit garçon _____ vers la voiture pour aller

   _____.

2. Pourquoi est-ce que tu *t'arrêtes?*

   Pourquoi est-ce que vous _____?

   Pourquoi est-ce qu'elle _____?

   Pourquoi est-ce que ton copain et toi, vous _____?

   Pourquoi est-ce que les parents _____?

3. Ils *se lavent* et *s'essuient* les mains.

   Nous _____ et _____ les mains.

   Vous _____ et _____ les mains.

   Les enfants (ne pas) _____ et (ne pas) _____ les

   mains.

   Est-ce que tu _____ et _____ les mains?

B. Complete each statement with the appropriate form of the verb *jouer, sortir, prendre,* or *laver.*

1. Est-ce que votre père _____ au tennis avec vous?
2. Les élèves _____ des cours à cinq heures.
3. Quand vous sortez, est-ce que vous _____ une clef avec vous?
4. Il faut _____ la voiture quand elle est sale.
5. Est-ce que votre mère _____ le train pour faire ses courses?
6. Le père _____ la voiture.
7. Les enfants aiment _____ avec la neige.
8. La famille _____ le petit déjeuner dans la cuisine.
9. Je _____ de l'eau et du savon pour _____ la voiture.

35

◄◊ STRUCTURE ◊►

A. Complete each statement using a stress pronoun. Follow the model.

MODEL: Je vais avec mon père.
    Je vais avec lui.

1. Les enfants vont avec leur mère.
   Les enfants vont avec _____.
2. Je vais au parc avec le chien.
   Je vais au parc avec _____.
3. Ils se précipitent vers leur père et leur mère.
   Ils se précipitent vers _____.
4. Jean joue avec sa sœur.
   Jean joue avec _____.
5. Le professeur et nous, nous allons parler français.
   Le professeur va parler français avec _____.
6. On vient avec Louise et Marie.
   On vient avec _____.

B. Complete these statements with the appropriate form: *à, au, à la,* or *aux.*

1. Je veux partir _____ trois heures de l'après-midi.
2. Sa mère va faire des courses _____ supermarché.
3. Il arrête sa voiture _____ quelques mètres de la maison.
4. Le père dit _____ ses enfants de l'aider.
5. Les enfants disent «D'accord» _____ leur père.
6. Est-ce que vous allez _____ la bibliothèque ce week-end?
7. Nous voulons parler _____ directeur.

9.
Au cours de sciences

Avant de lire: *Que pensez-vous des programmes de télévision? Sont-ils éducatifs? Informatifs? Sont-ils simplement distrayants? Ou sont-ils mauvais et une perte de temps?*

Les étudiants assistent au cours de biologie et la leçon porte sur les maladies.

Le professeur: Aujourd'hui, nous allons étudier les causes et les symptômes des maladies. Quand quelqu'un ne se sent pas bien, cette personne est sans doute malade. Qu'est-ce qui rend les gens malades?

Françoise: Les microbes.

LE PROFESSEUR: Très bien. Les microbes sont la cause de maladies contagieuses.

CHRISTIAN: Mais il y a aussi des maladies non contagieuses comme le cancer.

LE PROFESSEUR: Vous avez raison. Qui peut m'indiquer une maladie contagieuse?

FRANÇOISE: La varicelle.*

LE PROFESSEUR: Qui peut nommer une autre maladie contagieuse?

CHRISTIAN: La maladie du sommeil.

LE PROFESSEUR: Très bien. Quelqu'un peut-il m'indiquer la cause de la maladie du sommeil?

FRANÇOISE: Oui, monsieur: la télé.

⟪◎ AVEZ-VOUS COMPRIS? ◎⟫

A. Répondez par des phrases complètes.

1. A quel cours sont les étudiants?
2. Qui fait la classe?
3. Quel est le sujet de la leçon d'aujourd'hui?
4. Quelle est la cause des maladies contagieuses?
5. Quel exemple de maladie non contagieuse Christian donne-t-il?
6. Quel exemple de maladie contagieuse Françoise donne-t-elle?
7. Quel exemple de maladie contagieuse Christian donne-t-il?
8. Selon Françoise, qu'est-ce qui cause la maladie du sommeil?

B. Et vous?

1. Aimez-vous les sciences?
2. Quelle sujet étudiez-vous en sciences?
3. Pouvez-vous donner d'autres exemples de maladies contagieuses?
4. Pouvez-vous donner d'autres exemples de maladies non contagieuses?
5. Vous endormez-vous lorsque vous regardez la télévision? Pourquoi?

---

*varicelle chicken pox

☙ VOCABULAIRE ❧

A. Group the parts of the body listed below in the appropriate categories.

la bouche
les cheveux
la cheville
le cœur
le cou
le coude
la cuisse
les doigts
l'estomac
le genou

la main
le nez
l'œil/les yeux
les ongles
l'oreille
les orteils
le pied
le poignet
la poitrine
le visage

la tête

_____ _____ _____ _____ _____

_____ _____

le bras

_____ _____ _____ _____ _____

le tronc

_____ _____ _____

la jambe

_____ _____ _____ _____ _____

B. Complete each statement with the word for the appropriate part of the body.

  1. Nous courons avec _____.
  2. Nous voyons avec _____.
  3. Nous parlons avec _____.
  4. Nous écrivons avec _____.
  5. Nous respirons avec _____.
  6. Nous entendons avec _____.

～ VERBES ～

A. Complete each statement with the appropriate form of *dormir*.

1. Le lundi, le professeur n'est pas content parce que nous _____ en classe.
2. Mon grand-père _____ tous les après-midi dans son fauteuil.
3. Mon chat et mon chien _____ dans ma chambre.
4. Est-ce que tu _____ à l'hôtel lorsque tu es en voyage?
5. Si vous ne _____ pas, buvez du lait.

B. Complete each statement with the appropriate form of *se sentir*.

1. Comment _____-tu?
2. Mon grand-père (ne pas) _____ bien aujourd'hui.
3. Est-ce que vous _____ toujours bien?
4. Les élèves _____ mal avant leurs examens.
5. Qui (ne pas) _____ fatigué après avoir couru un marathon?

～ STRUCTURE ～

Complete each sentence with the appropriate form of *faire* (with an infinitive) or *rendre* (with an adjective).

1. Les concerts de musique classique me _____ dormir.
2. Quand vous mangez au restaurant, est-ce que votre père vous _____ payer votre repas?
3. Les microbes _____ les gens malades.
4. Les films de science-fiction _____ rêver les adultes.
5. Les journaux _____ mes parents nerveux.
6. Le professeur nous _____ étudier les sciences.
7. Est-ce que vous _____ danser votre chien?
8. Nous _____ nos parents furieux quand nous désobéissons.
9. Je voudrais vous _____ comprendre que fumer nous _____ tous malades.
10. Les examens _____ les étudiants nerveux.

10.
La fontaine

AVANT DE LIRE: *Si vous pouviez faire un vœu, quel serait-il?*

Gérard et sa femme sont en vacances. Durant une ballade à pied, ils sont arrivés devant une vieille fontaine.

GÉRARD: Je crois que nous y sommes. Quelle jolie fontaine! Que dit le guide?
FRANCINE: Elle est très vieille et célèbre parce qu'elle porte chance à ceux qui la visitent. Il faut que nous fassions un vœu.

GÉRARD: Est-ce que le guide dit autre chose?
FRANCINE: Il dit aussi que si le visiteur jette une pièce dans la
           fontaine, son souhait sera exaucé.
GÉRARD: On jette une pièce?
FRANCINE: Oui, mais je n'ai pas de monnaie.
           (Gérard cherche dans ses poches.)
GÉRARD: Je n'en ai pas non plus. Mais j'ai une carte de crédit . . .

◖ AVEZ-VOUS COMPRIS? ◗

A. Indicate whether these statements are true or false. Write *V* for
vrai or *F* for *faux*. If the statement is false, correct it to make it
true.

1. (   ) Gérard et sa femme sont en vacances.
2. (   ) Ils sont près d'un vieux pont.
3. (   ) Francine lit la description de la fontaine dans un
         journal.
4. (   ) La fontaine porte chance à ceux qui la visitent.
5. (   ) Francine n'a qu'une pièce.
6. (   ) Francine et Gérard se promènent en voiture.

B. Répondez à ces questions par des phrases complètes en
français.

1. Que font Francine et Gérard?
2. Où sont-ils?
3. Quel genre de fontaine voient-ils?
4. Que se passe-t-il si le visiteur jette une pièce dans la
   fontaine?
5. Est-ce que Francine a des pièces?
6. Est-ce que Gérard a des pièces?

C. Et vous?

1. Où allez-vous en vacances?
2. Aimez-vous faire des voyages dans les villes?
3. Quels endroits aimez-vous visiter?
4. Avez-vous des pièces maintenant?
5. Avez-vous une carte de crédit maintenant?

❧ VOCABULAIRE ❧

A. Many words that end in *-ory* and *-ary* in English have French equivalents that end in *-oire* and *-aire* respectively. For example, *legendary* → *légendaire*. Translate these words from English into French.

1. military
2. honorary
3. primary
4. ordinary
5. bestiary
6. secondary
7. documentary
8. sanitary
9. obligatory
10. laboratory
11. territory
12. accessory
13. extraordinary
14. observatory
15. centenary

B. Match these synonyms.

A	B
1. âgé	**a.** ne pas vieillir
2. obligatoire	**b.** argent
3. rester jeune	**c.** vieux
4. pièce de monnaie	**d.** je ne veux pas
5. je n'ai pas envie	**e.** toute ma vie
6. éternellement	**f.** nécessaire

C. Match these antonyms.

A	B
1. moi non plus	**a.** pauvre
2. jeune	**b.** toute
3. aucune	**c.** moi aussi
4. riche	**d.** ordinaire
5. légendaire	**e.** faire du bien
6. faire du mal	**f.** vieux

❧ VERBES ❧

A. Answer these questions in complete sentences. Use the verb(s) in each question to form your answers.

1. Xavier voudrait être plus vieux, et toi?
2. Est-ce que les gens croient aux fontaines miraculeuses?
3. Est-ce qu'il est plus difficile de conduire que de faire du vélo?
4. Est-ce que tu fais tes devoirs pendant les vacances?

➡

5. Qu'est-ce que les enfants regardent?
6. Est-ce que votre père fume?
7. Votre rêve est-il de devenir célèbre ou d'être riche?
8. Est-ce que tu prends le bus pour aller à l'école?
9. Est-ce que le couple est en Italie?

B. Write the following sentences in the *passé composé*.

1. Je jette des pièces dans la fontaine.
2. Ils font un vœu.
3. Nous allons à la campagne.
4. Vous devenez riche.
5. Tu grandis en ville.
6. Elle va à l'épicerie *(grocery store)*.
7. Toi et moi, nous aimons les bonbons.
8. Mon père et ma mère achètent une maison.

⟪◎ STRUCTURE ◎⟫

A. Complete these statements with the correct form of the adjective in parentheses.

1. C'est une _____ fontaine.   *(vieux)*
2. La fontaine se trouve dans une _____
   ville _____.   *(petit; français)*
3. Regarde _____ pièces.   *(ce)*
4. Je n'ai _____ envie de passer mes
   vacances ici.   *(aucun)*
5. Est-ce que ce conte est _____?   *(vrai)*
6. Il a une collection de _____ pièces.   *(vieux)*
7. Les histoires _____ me passionnent.   *(bizarre)*
8. Les enfants veulent toujours faire les
   choses _____.   *(défendu)*
9. Je ne vais pas passer _____ ma vie
   dans _____ ville natale.   *(tout; mon)*
10. _____ les gens qui jettent des pièces
    dans les fontaines veulent être _____.   *(tout; riche)*

44

B. Complete the sentences with the appropriate relative pronoun: *qui, que (qu'),* or *dont.*

1. Les gens _____ jettent des pièces dans les fontaines veulent devenir riches.
2. Les pièces _____ sont dans les fontaines y sont depuis longtemps.
3. La fontaine _____ tu vois est vieille.
4. C'est une fontaine _____ les eaux sont magiques.
5. Christian veut imiter tout ce _____ il voit son frère faire.
6. Les gens _____ prennent les pièces dans la fontaine seront punis.
7. Les parents _____ les enfants prennent des pièces dans les fontaines sont responsables.

C. Complete the sentences by putting the verbs in parentheses in the appropriate form of the future tense.

1. Les gens qui jettent des pièces espèrent qu'ils *(devenir)* _____ riches, mais ils ne savent pas s'ils le *(être)* _____ toute leur vie.
2. Je pense que je *(ne pas aller)* _____ au cinéma.
3. Quand tu *(venir)* _____ chez moi, est-ce que tu *(apporter)* _____ tes livres?
4. La prochaine fois qu'il *(vouloir)* _____ de l'argent, il *(aller)* _____ à la banque.
5. Nous *(avoir)* _____ envie de rester jeunes quand nous *(être)* _____ vieux.
6. Est-ce que vous *(être)* _____ content quand il *(savoir)* _____ conduire?

11.

Au lycée

AVANT DE LIRE: *Comment vous préparez-vous pour vos examens? Est-ce que cela semble une bonne technique? Pourquoi?*

Alice rencontre son camarade de classe David dans le couloir de l'établissement scolaire. David n'a pas bonne mine.*

ALICE: Tu n'as pas bonne mine. Qu'est-ce qui ne va pas?
DAVID: Rien. Je n'ai pas dormi de la nuit pour étudier. C'est tout.
ALICE: Etudier? Oh! Mon Dieu! Quel élève studieux!

---

*n'a pas bonne mine does not look well

DAVID: Pourquoi? Toi, tu n'as pas étudié?

ALICE: Non, pas du tout.

DAVID: Quelle fille remarquable! Je ne sais pas comment tu vas réussir ton examen.

ALICE: Je vais réviser aujourd'hui.

DAVID: Tu ne pourras pas réviser grand-chose en deux heures.

ALICE: Deux heures?

DAVID: Oui, l'interrogation est dans deux heures.

ALICE: Je regrette de te l'annoncer, mais l'interrogation est demain.

◖ AVEZ-VOUS COMPRIS? ◗

A. Indicate whether these statements are true or false. Write *V* for *vrai* and *F* for *faux*. If the statement is false, correct it to make it true.

1. (   ) Alice rencontre David dans la cour de l'école.
2. (   ) Alice rencontre une camarade de classe dans le couloir.
3. (   ) Alice n'a pas bonne mine.
4. (   ) David n'a pas bonne mine.
5. (   ) David a étudié toute la nuit.
6. (   ) Alice a beaucoup étudié aussi.
7. (   ) Alice va réviser son interrogation aujourd'hui.
8. (   ) L'interrogation est demain.

B. Répondez à ces questions par des phrases complètes en français.

1. Où Alice et David se rencontrent-ils?
2. Quelle mine a David?
3. Pourquoi a-t-il cette mine?
4. Pourquoi est-ce que David a étudié?
5. Est-ce que Alice est aussi restée éveillée toute la nuit pour étudier?
6. Quand a-t-elle l'intention de réviser pour l'interrogation?
7. Quand David pense-t-il que l'interrogation a lieu?
8. Quand est en fait l'interrogation?

C. Et vous?

   1. Etudiez-vous un peu chaque jour ou attendez-vous la dernière minute pour réviser une interrogation?

   2. Pouvez-vous apprendre si vous étudiez toute la nuit ou toute la journée précédant l'interrogation? Etes-vous endormi durant l'interrogation?

   3. Quelles sont vos matières préférées à l'école? Pourquoi?

   4. Quelles sont les matières que vous aimez le moins?

   5. Etudiez-vous d'autres langues étrangères en dehors du français?

◖ VOCABULAIRE ◗

A. Complete the sentences using the following words. Make any changes in the words or sentences that are necessary.

avoir mauvaise mine	annoncer	grand-chose
réviser	studieux	éveillé

   1. Quand les étudiants ont un examen, ils doivent _____.

   2. Quand on est fatigué, on _____.

   3. Charlotte étudie beaucoup. C'est une élève _____.

   4. Les enfants ont mangé presque tout le gâteau. Il n'en reste pas _____.

   5. Il est difficile d'être en forme lorsqu'on reste _____ toute la nuit.

   6. Personne n'aime _____ de mauvaises nouvelles.

B. Match the noun in column A with the corresponding verb in column B.

A	B
1. révision	**a.** annoncer
2. examen	**b.** examiner
3. interrogation	**c.** dormir
4. annonce	**d.** interroger
5. étudiant	**e.** réviser
6. sommeil	**f.** étudier

✺ VERBES ✺

A. Complete the following sentences with the verb in the appropriate tense.

    1. Si tu ne dors pas de la nuit, tu _____.   *(être fatigué)*

    2. Il ne réussira pas ton examen
        s'il _____.   *(ne pas étudier)*

    3. Je travaille beaucoup pour _____.   *(réussir)*

    4. Le professeur a annoncé que
        l'examen _____ demain.   *(être)*

    5. J' _____ toute la nuit.   *(réviser)*

    6. Nous _____ nos voisins demain.   *(rencontrer)*

B. Verb review. Complete these sentences with the present tense of the verbs indicated.

    1. Tu _____ les hamburgers.   *(aimer)*

    2. Fais ce que je _____.   *(dire)*

    3. Jean _____ le repas.   *(préparer)*

    4. Nos amis _____ fatigués.   *(être)*

    5. Jacques _____ son ami au centre
        commercial ce soir.   *(rencontrer)*

    6. C'est tout ce que je _____.   *(vouloir)*

    7. Francine et moi, nous _____ au restaurant.   *(manger)*

    8. Aujourd'hui, je _____ à deux
        heures de l'après-midi.   *(sortir)*

    9. Les invités ne _____ pas maintenant.   *(manger)*

    10. Nous _____ d'Australie.   *(revenir)*

    11. Quand _____ -vous en voyage?   *(aller)*

    12. Quel âge _____ -tu?   *(avoir)*

    13. Je _____ la table pour le dîner.   *(mettre)*

    14. Tous les jours, vous _____
        vos devoirs.   *(faire)*

    15. Madame, que _____ -vous?   *(désirer)*

    16. Pour être en forme, ils _____
        chaque matin.   *(nager)*

C. Use verbs from the list above to write a paragraph about what you will do next week-end.

❧ STRUCTURE ❧

A. Ask questions that correspond to the answers given.

1. Je n'ai pas étudié du tout.
2. Il révisera aujourd'hui.
3. Tu as mauvaise mine.
4. Je ne sais pas ce qu'il va faire.
5. Nous avons étudié toute la nuit.

B. Change each declarative sentence to an exclamation. Choose from the adjectives given.

MODEL: La pièce m'a ennuyé(e).   *ennuyeuse*
   Quelle pièce ennuyeuse!

1.	Cet élève étudie beaucoup.	*belle*
2.	Ces chaussures ont coûté beaucoup.	*coûteuses*
3.	Cette jeune fille travaille beaucoup.	*intelligent*
4.	Leur fils sait répondre à tout.	*studieux*
5.	Leur fille est d'une grande beauté.	*travailleuse*

12.

Chez le docteur

AVANT DE LIRE: *Craignez-vous les injections? Pourquoi?*

Michel prend rendez-vous pour voir le médecin et va au cabinet médical avec sa mère. Il est anxieux parce qu'il va être vacciné.

LA MÈRE: Michel, il n'y a rien à craindre. Les vaccinations ne sont pas douloureuses. Ça pique un peu et c'est tout.

LE FILS: Maman, tu sais que je n'ai pas peur des piqûres. Ça ne fait pas mal.

LA MÈRE: Mais tu te souviens comme tu as crié la dernière fois qu'on t'a fait une piqûre.

LE FILS: Crié? Tu exagères. Tu sais que je n'ai pas peur.
(Un infirmier arrive et lui fait la piqûre. Le jeune homme s'évanouit.)

LA MÈRE: Michel, ça va?

LE FILS: Je ne me suis jamais senti aussi bien. Tu vois que je ne crains pas les piqûres. Je n'ai rien senti.

LA MÈRE: Bien sûr. Comment aurais-tu pu? Tu étais inconscient.

✍ AVEZ-VOUS COMPRIS? ✍

A. Number these statements 1–7 according to their sequence in the dialogue.

( ) Michel va chez le docteur avec sa mère.
( ) Michel s'évanouit.
( ) La mère de Michel essaie de le rassurer.
( ) Michel prend rendez-vous chez le médecin.
( ) L'infirmier lui fait la piqûre.
( ) Quand il arrive chez le docteur, Michel est très anxieux.
( ) Michel dit à sa mère qu'elle exagère.

B. Répondez à ces questions par des phrases complètes en français.

1. Où sont Michel et sa mère?
2. Est-ce que Michel est nerveux?
3. Pourquoi est-il anxieux?
4. Qu'est-ce que la mère de Michel lui dit?
5. Pensez-vous que Michel a crié la dernière fois qu'on lui a fait une piqûre?
6. Qu'est-ce qui est arrivé cette fois-ci?
7. Que dit Michel après la piqûre?
8. Pensez-vous que Michel a vraiment peur des piqûres? Pourquoi?

C. Et vous?

1. N'allez-vous chez le docteur que lorsque vous êtes malade?
2. Quand est la dernière fois où vous êtes allé(e) chez le docteur?
3. Avez-vous peur des aiguilles *(needles)*?
4. Quand est la dernière fois où on vous a fait une piqûre?
5. Quel genre de piqûre était-ce?

❧ VOCABULAIRE ❧

A. Find the word that does not belong in the group.

1. préoccupé	content	anxieux	nerveux
2. médecin	dentiste	infirmier	malade
3. examen	analyse	consultation	interrogation
4. jamais	quelquefois	toujours	rien
5. affection	chaleur	température	thermomètre
6. piqûre	vaccin	injection	cachet

B. Match these antonyms.

A	B
1. premier	**a.** calme
2. jamais	**b.** annuler un rendez-vous
3. anxieux	**c.** toujours
4. se souvenir	**d.** dernier
5. savoir	**e.** murmurer
6. crier	**f.** ignorer
7. prendre rendez-vous	**g.** oublier

C. Match these synonyms.

A	B
1. nerveux	**a.** amplifier
2. hurler	**b.** crier
3. se souvenir	**c.** évanoui
4. piqûre	**d.** injection
5. avoir peur	**e.** craindre
6. inconscient	**f.** se rappeler
7. se sentir bien	**g.** être en forme
8. exagérer	**h.** anxieux

❦ VERBES ❧

A. Supply the appropriate form of the verb *sentir* or *se sentir*.

1. Comment _____ -vous?
2. J'ai chaud et je _____ mal.
3. Il y a une drôle d'odeur. Nous _____ le gaz.
4. Quand on lui a fait une piqûre, il (ne pas) _____ bien.
5. Nous avons ouvert la fenêtre et vous _____ mieux.
6. L'enfant a eu peur quand il _____ le médicament.

B. Supply the appropriate form of the verb *avoir mal*.

1. Nous avons trop mangé hier soir. Nous _____ à l'estomac.
2. Je ne vois pas bien. J' _____ aux yeux.
3. Il est tombé. Il _____ à la jambe.
4. Vous avez l'air pâle. _____ au cœur?
5. Ils utilisent trop l'ordinateur. Ils _____ au poignet.
6. Vous avez soulevé des objets trop lourds. Vous _____ au dos.

❦ STRUCTURE ❧

A. Complete the following sentences with the appropriate form of *se sentir bien, se sentir mal, se sentir mieux,* or *se sentir plus mal.*

1. Tout va très bien. Je _____.
2. Il était malade. Le docteur lui a donné un médicament et maintenant il _____.
3. Vous avez beaucoup de fièvre *(to have a high temperature).* Vous _____.
4. Quand nous faisons de la gymnastique tous les jours, nous _____.
5. Après une bonne nuit de sommeil, on _____.
6. Leur fille ne supporte pas la voiture: à chaque voyage, elle _____.

B. Complete the dialogue by inserting the necessary words in the correct form from those given below.

MARTINE: Veux-tu aller déjeuner au restaurant?

CHANTAL: Pas aujourd'hui. J'ai mal dormi et j' **(1)** _____.

MARTINE: Est-ce que tu **(2)** _____?

CHANTAL: Non, mais je crois que je **(3)** _____.

MARTINE: Est-ce que tu as **(4)** _____ pour vérifier?

CHANTAL: Non, mais j'**(5)** _____.

MARTINE: Alors tu as le choix entre **(6)** _____ ou **(7)** _____ glace.

de la	avoir mal à la tête	avoir de la fièvre
se sentir mal	un thermomètre	avoir chaud
un cachet		

13.

Une soirée

AVANT DE LIRE: *Danser est une activité très distrayante et saine. Est-ce que vous dansez bien?*

Un jeune couple participe à une soirée chez Isabelle. C'est une soirée vraiment très réussie et tout le monde s'amuse bien.

GARÇON: Cette soirée est vraiment super, tu ne penses pas?
FILLE: Oui, je m'amuse beaucoup.
GARÇON: Je m'amuse toujours beaucoup aux soirées d'Isabelle.
            Elles sont toujours très réussies.
            (L'orchestre commence à jouer.)
GARÇON: Tu viens danser?

FILLE: Mais, tu ne sais pas danser.

GARÇON: Comment ça je ne sais pas danser?

FILLE: Je te dis—tu ne sais pas danser.

GARÇON: Ah bon! Viens ici et tu vas voir.
(Ils se dirigent tous les deux vers la piste de danse et dansent pendant un moment.)

GARÇON: Alors? Qu'est-ce que tu penses maintenant?

FILLE: Eh bien, disons que si je faisais abstraction* du fait que tu m'as donné environ dix coups de pied dans la jambe, je pourrais dire que tu es un plutôt bon danseur.

◖ AVEZ-VOUS COMPRIS? ◗

A. Indicate whether these statements are true or false. Write *V* for *vrai* and *F* for *faux*. If the statement is false, correct it to make it true.

1. (   ) Il y a une soirée chez Isabelle.
2. (   ) La soirée est ennuyeuse.
3. (   ) Les invités ne s'amusent pas.
4. (   ) Le jeune couple s'amuse bien.
5. (   ) Le jeune homme apprécie les soirées d'Isabelle.
6. (   ) La fille invite le garçon à danser.
7. (   ) La fille pense que le garçon ne sait pas danser.
8. (   ) Le jeune homme est un bon danseur.

B. Répondez à ces questions par des phrases complètes en français.

1. Où se trouve le jeune couple?
2. Où se déroule la soirée?
3. Comment est la soirée?
4. Est-ce que les invités s'amusent bien?
5. Le jeune couple s'amuse-t-il bien?
6. Que dit le jeune homme lorsque l'orchestre commence à jouer?
7. Est-ce que le couple s'avance vers la piste de danse?
8. Le jeune homme est-il un bon danseur?

---

*je faisais abstraction** I did not take into account

C. Et vous?

1. Aimez-vous aller à des soirées?
2. Allez-vous souvent à des soirées?
3. Y allez-vous généralement seul, avec une compagne ou un compagnon, ou en groupe?
4. Savez-vous danser?
5. Qu'aimez-vous danser: le slow ou la musique rapide?
6. Savez-vous danser la valse?

✎ VOCABULAIRE ✎

A. Match these antonyms.

	A		B
1.	s'amuser	**a.**	malsain
2.	savoir	**b.**	hier
3.	maintenant	**c.**	donner
4.	sain	**d.**	s'ennuyer
5.	réussi	**e.**	raté
6.	prendre	**f.**	ignorer

B. Complete the sentences with the superlative or comparative of the adjectives indicated.

1. La soirée de Françoise est _____ que celle d'Isabelle. *(+; réussi)*
2. Jean est _____ que son frère. *(-; intelligent)*
3. Isabelle danse _____ que Marie. *(=; bien)*
4. Ce film est _____ que celui que j'ai vu hier. *(+; ennuyeux)*
5. Nathalie organise _____ soirées. *(+; bon)*
6. Michel est _____ des danseurs. *(+; mauvais)*

C. Change the following sentences according to the model.

MODEL: La soirée d'Isabelle est réussie.
  Cette soirée est plus réussie.

1. Mon livre est ennuyeux.
2. Cette activité est distrayante.
3. Ce garçon est un bon danseur.
4. Ce film est mauvais.
5. Cette fille est intelligente.
6. La musique est bruyante *(noisy)*.

◌ VERBES ◌

A. Complete the sentences with the appropriate form of *s'amuser.*

1. On _____ toujours beaucoup chez Isabelle.
2. Le chat _____ avec la souris.
3. Nous _____ avec un crayon.
4. Est-ce que vous _____ bien?
5. Les enfants sont très sages. Ils _____ avec leurs jouets.
6. Je _____ avec mon frère.

B. Write each of the verbs in the appropriate tense.

1. Si j'oublie les coups de pied dans les jambes, je _____ dire que tu danses bien. *(pouvoir)*
2. Nous _____ danser si nous avions pris des leçons. *(savoir)*
3. Si vous étudiiez davantage, vous _____ mieux le français. *(parler)*
4. Si l'orchestre jouait moins fort, cette soirée _____ très réussie. *(être)*
5. Si tu pars maintenant, tu _____ à l'heure. *(arriver)*
6. S'il fait de la gymnastique, il _____. *(maigrir)*

◌ STRUCTURE ◌

A. Write an exclamation for each statement. Follow the model.

MODEL: Tu danses mal.
    Comme tu danses mal!

1. Tu es gros.
2. Elle apprend vite.
3. Il court vite.
4. Elles s'amusent bien.
5. Nous parlons bien.
6. L'orchestre joue fort.

B. **No!** Change the sentences to the negative form using *ne . . . personne, ne . . . rien, ne . . . jamais, ne . . . pas,* or *non plus.*

1. Michel est un excellent danseur.
2. Michel et moi, nous dansons toujours ensemble.
3. Moi aussi, je danse bien.
4. Vous connaissez tout le monde à cette soirée.
5. Tu as quelque chose à me dire.
6. Ces soirées sont toujours très réussies.
7. Lui aussi, il s'amuse bien.

14.

Au restaurant

AVANT DE LIRE: *Est-ce que vous mangez de tout ou suivez-vous un régime spécial?*

C'est vendredi soir. Nathalie appelle son amie Suzanne et l'invite à dîner au club.

NATHALIE: Que penses-tu du restaurant du club? Agréable, n'est-ce pas?

SUZANNE: Oui, et le cadre est très luxueux! A propos, merci beaucoup pour l'invitation.

NATHALIE: Je suis ravie que tu puisses accepter. Que veux-tu manger?

SUZANNE: Je mange tout. Commande.
NATHALIE: Que dis-tu d'un filet de poisson?
SUZANNE: Le poisson ne me réussit pas très bien.
NATHALIE: Et un beefsteak?
SUZANNE: Honnêtement, je trouve la viande rouge un peu lourde.
NATHALIE: Alors prenons du poulet rôti.
SUZANNE: Je préfère de la dinde, c'est moins gras.
NATHALIE: Ils n'ont pas de dinde aujourd'hui. Qu'est-ce que tu penses d'une soupe? Je pense que ça devrait te réussir.
SUZANNE: Je préfère autre chose.
NATHALIE: C'est vraiment formidable que tu manges de tout. Je t'en prie, commande.

◄◎ AVEZ-VOUS COMPRIS? ◎►

A. Indicate whether these statements are true or false. Write *V* for *vrai* and *F* for *faux*. If the statement is false, correct it to make it true.

1. (　) Suzanne appelle Nathalie.
2. (　) Nathalie invite Suzanne à dîner.
3. (　) Nathalie et Suzanne vont au restaurant du club.
4. (　) Suzanne n'aime pas le restaurant.
5. (　) Suzanne ne digère pas le poisson.
6. (　) Suzanne voudrait du bœuf.
7. (　) Suzanne ne veut pas de soupe; elle préfère autre chose.
8. (　) Suzanne mange de tout.

B. Répondez à ces questions par des phrases complètes en français.

1. Pourquoi Nathalie appelle-t-elle Suzanne?
2. Où Nathalie invite-t-elle Suzanne à dîner?
3. Que pense Suzanne du restaurant?
4. Qui commande le repas au début?
5. Vont-elles commander du poisson?
6. Est-ce que Suzanne supporte le bœuf?
7. Est-ce que Suzanne voudrait manger de la soupe?
8. Qui en définitive commande le repas?

C. Et vous?

    1. Est-ce que vous dînez souvent dehors avec vos amis et votre famille?

    2. Préférez-vous manger à la maison ou au restaurant? Pourquoi?

    3. Quel genre de nourriture aimez-vous?

    4. Qu'est-ce que votre famille mange à la maison?

    5. Est-ce que votre famille fait la cuisine ou mangez-vous de la cuisine toute faite?

ஃ VOCABULAIRE ஆ

A. Find the word that does not belong in the group.

    1. le menu   l'addition   le pourboire   la soustraction   le serveur

    2. l'assiette   la fourchette   la cuillère   la casserole   le couteau

    3. la chaise   la nappe   la table   le restaurant   la serviette

    4. le déjeuner   le dîner   le petit déjeuner   le snack   le goûter

    5. le poisson   la viande   la volaille   les légumes   le vin

    6. manger   boire   prendre   déguster   payer

B. Adjective formation. Some French adjectives are formed by adding the suffix *-eux (-euse)* to the stem of a noun. Based on the noun in parentheses, form the corresponding adjective to complete each sentence.

    1. Nous vivons dans un endroit _____. *(montagne)*

    2. Je connais une personne _____. *(merveille)*

    3. Quelle situation _____! *(désastre)*

    4. Les Dupont? C'est une famille _____. *(nombre)*

    5. Elles font des éxpériences de chimie _____. *(danger)*

ஃ VERBES ஆ

A. Supply the appropriate form of the verbs in parentheses.

    1. Nathalie et son amie _____ au restaurant. *(aller)*

    2. Le serveur _____ le menu aux clients. *(donner)*

    3. Est-ce que les enfants _____ du vin? *(boire)*

    4. Nous _____ un pourboire au serveur. *(laisser)*

    5. Tu _____ de tout. *(manger)*

    6. Le poisson _____. *(ne pas réussir à elle)*

    7. Après le dîner, vous _____. *(ne pas se sentir bien)*

    8. Je vous en prie, _____. *(commander)*

B. Complete the sentences with the appropriate object pronoun and the correct form of the verb in parentheses.

1. Le poisson _____. *(à moi/ne pas réussir)*
2. Le restaurant _____. *(à mes parents et moi/plaire)*
3. Les clients _____ un pourboire. *(au serveur/donner)*
4. Est-ce que le serveur _____? *(toi et tes amis/servir)*
5. Est-ce que le serveur _____ la carte? *(à toi/donner)*
6. Est-ce que vous _____? *(du vin/commander)*

◖◖ STRUCTURE ◗◗

A. Complete each statement with the appropriate preposition if necessary.

1. Le menu est difficile _____ comprendre.
2. Nous allons souvent _____ restaurant.
3. Que veux-tu _____ manger?
4. Le serveur présente l'addition _____ client.
5. Que penses-tu _____ club?
6. Je te remercie _____ l'invitation.

B. Write a response to each statement using a stress pronoun. Follow the model.

MODEL: Elle mange de tout. *(je)*
    Moi aussi.

1. Je ne me sens pas bien. *(elle)*
2. Elle aime le poisson. *(nous)*
3. Vous mangez souvent au restaurant. *(elles)*
4. Nous sortons beaucoup. *(je)*
5. Je donne un bon pourboire au serveur. *(ils)*
6. Elle danse très bien. *(tu)*

15.
Au supermarché

AVANT DE LIRE: *Beaucoup de gens suivent des régimes pour perdre du poids. Certains de ces régimes sont bizarres. Que pensez-vous de ces régimes?*

Une dame va au supermarché pour acheter quelque chose à manger. La vendeuse la sert.

LA VENDEUSE: Que désirez-vous, madame?

LA DAME: Je voudrais quelque chose de délicieux pour déguster chez moi. Qu'avez-vous aujourd'hui?

LA VENDEUSE: Nous avons des quiches qui viennent de sortir du four. Elles sont encore toutes chaudes.

LA DAME: Elles sentent très bon. Donnez-m'en une, s'il vous plaît.
LA VENDEUSE: Vous la voulez entière, ou voulez-vous que je la coupe?
LA DAME: Coupez-la, s'il vous plaît.
LA VENDEUSE: Voulez-vous six ou huit tranches?
LA DAME: Six, s'il vous plaît. Je suis au régime.

AVEZ-VOUS COMPRIS?

A. Select the word or expression that best completes each statement.

1. La dame est dans (une pharmacie, une librairie, un supermarché).
2. Elle veut acheter quelque chose de (cher, délicieux, chaud).
3. La dame demande ce qu'il y a (à la caissière, aujourd'hui, dans les rayons).
4. Ils (viennent juste de préparer, veulent préparer, vont préparer) des quiches.
5. Les quiches (mangent, boivent, sentent) bon.
6. La vendeuse va (acheter, couper, préparer) la quiche.
7. La dame veut six (œufs, tranches, quiches).
8. La dame dit qu'elle est (fatiguée, au régime, triste).

B. Répondez à ces questions par des phrases complètes en français.

1. Où est la dame?
2. Que veut la dame?
3. Qu'est-ce que la dame demande à la vendeuse?
4. Que viennent-ils juste de préparer dans le magasin?
5. Comment sont les quiches?
6. Combien de quiches la dame désire-t-elle?
7. Combien de tranches veut-elle?
8. Pourquoi veut-elle ce nombre de tranches?

C. Et vous?

1. Où achetez-vous votre alimentation?
2. Y a-t-il une épicerie proche de chez vous?
3. Y a-t-il un supermarché près de chez vous?
4. Savez-vous ce qu'est une quiche? Aimez-vous ce plat?
5. Etes-vous au régime?

❧ VOCABULAIRE ❧

A. Match the items in column A with the stores where they are sold in column B.

A	**B**
1. pain	**a.** boucherie
2. viande	**b.** fleuriste
3. poisson	**c.** charcuterie
4. fruits	**d.** pharmacie
5. saucissson	**e.** boulangerie
6. fleurs	**f.** poissonnerie
7. médicaments	**g.** marchand de fruits et légumes

B. Match the workplace with the corresponding worker and indicate the feminine form for each of the words in column B.

A	**B**
1. pharmacie	**a.** infirmier
2. théâtre	**b.** instituteur
3. bureau	**c.** boucher
4. boucherie	**d.** portier
5. école	**e.** guide
6. banque	**f.** steward
7. hôtel	**g.** banquier
8. hôpital	**h.** secrétaire
9. musée	**i.** acteur
10. compagnie aérienne	**j.** pharmacien

C. Match the worker in column A with a related verb or idiom in column B and write a complete sentence with the words from both columns.

A	**B**
1. secrétaire	**a.** vendre dans un magasin
2. instituteur	**b.** faire le plan d'une maison
3. photographe	**c.** jouer au théâtre
4. pilote	**d.** répondre au téléphone
5. médecin	**e.** porter les bagages
6. acteur	**f.** piloter un avion
7. porteur	**g.** enseigner
8. guide	**h.** soigner les malades
9. vendeur	**i.** prendre des photos
10. architecte	**j.** guider dans un musée

≪ VERBES ≫

A. Complete these statements with the appropriate form of the verb or expression given in the model.

1. Je *voudrais* une quiche.

Il _____ trois tranches de pizza.

Nous _____ l'addition.

_____-vous aller au restaurant?

Pierre et Martine _____ du vin.

2. *Pouvez*-vous couper la tarte en trois?

Je _____ venir demain.

Vous _____ le voir d'ici.

Mon frère _____ conduire la voiture de mes parents.

Nous ne _____ rien.

3. *Il y a* du lait dans le réfrigérateur.

_____ du jambon et de la crème dans la quiche.

Est-ce qu'_____ du sel sur la table?

_____ un supermarché dans votre voisinage?

Je ne sais pas ce qu'_____ ici.

B. Put the statement in the past using the correct form of *venir de* and the verb in parentheses.

1. Les quiches _____ du four.   *(sortir)*

2. Je _____ le vin.   *(acheter)*

3. La secrétaire _____.   *(répondre au téléphone)*

4. Tu _____ tout le gâteau.   *(manger)*

5. Nous _____ à la lettre.   *(répondre)*

6. Vous partez déjà! Vous _____.   *(arriver)*

≪ STRUCTURE ≫

A. Complete these statements with the definite article or partitive article as required.

1. J'aime _____ pommes. Je mange _____ pommes tous les jours.

2. Je ne veux pas _____ café. Je n'aime pas _____ café.

3. Je voudrais quelque chose _____ délicieux.

4. Je n'achète pas d'œufs au supermarché. _____ œufs fermiers sont les meilleurs.

B. Replace the words in parentheses with the appropriate object pronoun and make the necessary changes to the sentence.

MODEL: La vendeuse sert *(la dame).*
　　　La vendeuse la sert.

1.　La vendeuse coupe *(la quiche)* en trois.
2.　Combien *(de quiches)* voulez-vous?
3.　Je vais *(à l'épicerie)* tous les jours.
4.　J'aime *(le lait)* quand il est chaud.
5.　Je voudrais *(les gâteaux)* maintenant.
6.　Veux-tu ce livre? Oui, je veux *(le livre).*

16.
A la teinturerie-blanchisserie

AVANT DE LIRE: *Donnez-vous vos vêtements à nettoyer chez le teinturier? Comment réagissez-vous si on perd un de vos vêtements?*

Une dame va chercher la robe qu'elle a donnée à nettoyer chez le teinturier. Elle parle avec le teinturier.

TEINTURIER:	Bonjour, madame.
DAME:	Est-ce que ma robe est prête?
TEINTURIER:	Je pense que oui. Est-ce que vous avez votre ticket?
DAME:	Le voilà.
	(Le teinturier cherche la robe et quelques minutes plus tard . . .)
	Vous ne la trouvez pas?

TEINTURIER: Non, madame. Elle semble perdue.

DAME: Qu'est-ce que ça veut dire: elle semble perdue? C'est une robe superbe et très chère.

TEINTURIER: Je regrette beaucoup. Elle est perdue. Alors vous me devez . . . Voyons?

DAME: Je vous dois quelque chose? C'est une insulte.

TEINTURIER: Vous nous devez le prix du nettoyage, parce qu'avant de la perdre, nous avions nettoyé votre robe.

◖ AVEZ-VOUS COMPRIS? ◗

A. Match the segments in columns A and B.

A	B
1. Une dame va	**a.** sa robe.
2. Elle vient chercher	**b.** la dame lui doit de l'argent.
3. La dame donne le ticket	**c.** c'est une robe chère.
4. Le teinturier ne peut pas	**d.** avant de la perdre.
5. La dame dit que	**e.** trouver la robe.
6. Le teinturier dit que	**f.** chez le teinturier.
7. Le teinturier a nettoyé la robe	**g.** au teinturier.

B. Répondez à ces questions par des phrases complètes en français.

1. Où va la dame?

2. Que demande-t-elle au teinturier?

3. Qu'est-ce que le teinturier lui demande?

4. Est-ce que le teinturier trouve la robe de la dame?

5. Pourquoi ne la trouve-t-il pas?

6. Comment est la robe?

7. D'après le teinturier, est-ce que la dame doit quelque chose?

8. Pourquoi le teinturier pense-t-il que la dame lui doit quelque chose?

C. Et vous?

1. Est-ce que vous lavez souvent vos vêtements?

2. Utilisez-vous une laverie automatique ou faites-vous la lessive chez vous?

3. Y a-t-il une laverie automatique proche de votre domicile?

4. Quels vêtements donnez-vous chez le teinturier?

5. Combien cela vous coûte-t-il?

◖❦ VOCABULAIRE ❦◗

A. Match these antonyms.

A	B
1. perdre	**a.** affreux
2. salir	**b.** plus tard
3. cher	**c.** trouver
4. superbe	**d.** nettoyer
5. avant	**e.** bon marché

B. Find the word that does not belong in the group.

1. chemise	col	cravate	pantalon
2. chaussures	chaussettes	socquettes	jupe
3. jupe	robe	deux-pièces	gants
4. chapeau	casquette	bonnet	parapluie
5. veston	cardigan	gilet	complet

C. Select the clothing that best completes each sentence.

1. Beaucoup d'hommes n'aiment pas porter de (pantoufles, cravate, chemise) parce qu'ils étouffent.
2. Je me couvre les mains avec (de la crème, des gants, des mouchoirs) pour avoir chaud.
3. Quand il fait froid, je mets (un cardigan, une cravate, un chemisier).
4. Mon père porte toujours des costumes trois-pièces: pantalon, veston, (cravate, gilet, veste).
5. En été, on peut mettre (des pantalons courts, des pantalons de ski, des survêtements).
6. J'aime harmoniser la couleur de (mon chemisier, ma robe, mon mouchoir) avec mon deux-pièces.

◖❦ VERBES ❦◗

Complete the sentences with the correct forms of the following verbal expressions: *faire nettoyer, faire laver, faire teindre, faire réparer, faire couper.*

1. Tu as les cheveux trop longs. Il faut les _____.
2. Je n'aime pas faire la lessive. Je _____ tout mon linge.
3. Il a eu un accident. Il va _____ sa voiture.
4. On ne peut pas laver un costume. Il faut le _____.
5. Je n'aime pas cette couleur de jupe. Je vais la_____.

72

✦ STRUCTURE ✦

A. Complete the sentences according to the model.

MODEL: Je vais faire nettoyer ce costume.
   Je vais le faire nettoyer.

1. La blanchisseuse cherche ma robe.
2. Je viens chercher mon linge.
3. Elle ne trouve pas la robe de la cliente.
4. Ce garçon n'aime pas la robe de sa mère.
5. Est-ce que vous venez reprendre vos six chemises?
6. Mettez-vous des gants en hiver?
7. Est-ce que vous aimez le service?

B. Read the following paragraph and select the appropriate word from those given to complete each sentence.

Ce samedi soir, Madame Simon rentre chez elle et dit à son
(1) _____: «Nous ne **(2)** _____ pas aller à ce mariage.
Le teinturier a perdu ma robe et je n'ai **(3)** _____ à
mettre.» Le mari ouvre les armoires et dit: «Mais regarde,
tu as **(4)** _____ vêtements! Tu peux mettre cette jolie
(5) _____ bleue avec ces chaussures **(6)** _____, ou
bien celle-ci. La **(7)** _____ mauve te va très bien et c'est
la robe que je **(8)** _____. Je ne **(9)** _____ pas faire de
peine à ma sœur. C'est le **(10)** _____ de son fils. Je tiens
à y **(11)** _____.»

aller	veux	couleur	beaucoup de
rien	mari	pouvons	robe
noires	préfère	mariage	

73

17.
Au mariage

AVANT LA LECTURE: *Quelquefois, on veut dire une chose, mais on en dit une autre, bien pire. Est-ce que cela vous arrive?*

C'est le mariage de Laurent et Josiane, un moment heureux pour tous les deux. Ils se marient enfin. Maxime est un ami proche de la famille de la mariée. Il se trouve à la porte de l'église et indique aux invités leur place avant que la cérémonie commence. Une dame arrive.

MAXIME: Bonjour, madame.
DAME: Bonjour.
MAXIME: Est-ce que je peux vous indiquer votre place?

DAME: Oui, vous êtes très gentil.
           (Maxime accompagne la dame.)
DAME: Est-ce que je vous connais, jeune homme?
MAXIME: Non, je suis un ami de la famille de la mariée. Et vous,
           êtes-vous une amie de la mariée?
DAME: Pas du tout! Je suis la mère du marié.

◖ AVEZ-VOUS COMPRIS? ◗

A. Indicate whether these statements are true or false. Write *V* for
vrai and *F* for *faux*. If the statement is false, correct it to make
it true.

   1. ( ) C'est le mariage de Laurent et Josiane.
   2. ( ) C'est un jour très triste pour tous les deux.
   3. ( ) Maxime est un bon ami de la famille du marié.
   4. ( ) Maxime indique leur place aux invités.
   5. ( ) Une dame vient seule.
   6. ( ) Maxime pense que la dame est une amie de la mariée.
   7. ( ) La dame connaît Maxime.
   8. ( ) La dame est la mère du marié.

B. Répondez à ces questions par des phrases complètes en
français.

   1. Est-ce que Laurent et Josiane sont les jeunes mariés?
   2. Qu'est-ce qu'ils célèbrent aujourd'hui?
   3. Qui est Maxime?
   4. Où est-il?
   5. Que fait-il?
   6. Est-ce que la dame qui entre connaît Maxime?
   7. Est-ce que Maxime connaît la dame?
   8. Qui Maxime pense-t-il que la dame est?

C. Et vous?

   1. Aimez-vous les mariages?
   2. Qu'est-ce qui vous plaît le plus dans les mariages?
   3. Est-ce que vous connaissez quelqu'un qui va se marier?
   4. Irez-vous au mariage?
   5. Qu'allez-vous acheter pour cette personne?

✎ VOCABULAIRE ✎

A. Identify the family relationships and complete the sentences.

1. Monsieur Lepic est marié. Sa femme est _____ de ses enfants.

2. Bertrand est le frère de Madame Lepic. Bertrand est _____ des enfants de Madame Lepic.

3. Le fils de Madame Lepic, Francis, est _____ de Bertrand.

4. La fille de Bertrand est _____ de Madame Lepic.

5. Madame Lepic est _____ de la fille de Bertrand.

6. Monsieur Lepic est _____ de Bertrand.

7. La femme de Bertrand est _____ de Monsieur Lepic.

8. La mère de Madame Lepic est _____ de Monsieur Lepic.

9. Le père de Monsieur Lepic est _____ de Madame Lepic.

10. Monsieur et Madame Lepic ont deux enfants, Julie et Julien. Julie est _____ de Julien et Julien est _____ de Julie.

B. Match these antonyms.

A	B
1. gentil	**a.** finir
2. s'asseoir	**b.** partir
3. heureux	**c.** lointain
4. proche	**d.** malheureux
5. commencer	**e.** méchant
6. arriver	**f.** se lever

✎ VERBES ✎

A. Complete each sentence according to the model sentence.

1. Elle *connaît* la dame.
Tu _____ ces gens.
Nous ne _____ personne.
Patrick et Jacqueline _____ tous les invités.

2. Ils *s'assoient* près de lui.
Je _____ sur le banc.
Nous _____ près de la fenêtre.
Vous _____ dans la voiture.

3. La cérémonie *commence.*
   Je _____ à lire le livre.
   Nous _____ nos cours.
   Tu _____ le gâteau.

B. Complete each sentence with the appropriate form of *savoir* or *connaître.*

   1. Je ne _____ pas cette dame.
   2. Il _____ tout cela par cœur.
   3. Vous ne _____ personne.
   4. Nous _____ tous les invités.
   5. Je ne _____ pas si tu as raison.
   6. Tout ce que je _____ c'est que je ne _____ rien.

❧ STRUCTURE ☙

A. Indicate that the story takes place in the past. Use the appropriate form of the *passé composé* for each verb in italics.

Dimanche, **(1)** je *vais* _____ au mariage de mon neveu. A deux heures, **(2)** je *décide* _____ de m'habiller. **(3)** J'*ouvre* _____ mon armoire et **(4)** je *prends* _____ ma robe noire. **(5)** Je *mets* _____ la robe sur mon lit et **(6)** je *cherche* _____ mes chaussures noires. **(7)** Je *m'habille* _____ vite pour ne pas être en retard. **(8)** Je *sors* _____ de la maison et **(9)** je *vais* _____ à l'église en voiture. **(10)** Je *m'assieds* _____. C'est alors que **(11)** je *remarque* _____ un trou à mon bas.

B. Complete the sentences with *ce qui, qui* or *ce que.*

   1. Je ne sais pas _____ est arrivé.
   2. _____ me fait peur c'est la guerre.
   3. _____ vous voulez est impossible.
   4. Je vais te montrer _____ il m'a donné.
   5. Je ne sais pas _____ vous êtes.

18.
Au magasin de location de vidéos

AVANT DE LIRE: *Où préférez-vous voir des films: au cinéma ou à la maison? Pourquoi?*

C'est vendredi après-midi. Fabienne et son frère Marc sont à la maison et voudraient louer un film.

FABIENNE: Tu as la carte du magasin de location de vidéos?
MARC: Oui, elle est dans mon portefeuille.
FABIENNE: Et tu dois des amendes ou as-tu oublié de rendre un film?
MARC: Ne crains rien. Tout est en règle.
(*Fabienne et Marc arrivent au magasin de vidéos.*)
FABIENNE: Où est la section des films étrangers?

MARC: C'est sur la droite.

FABIENNE: Je la vois. Que penses-tu de ce film?

MARC: Excellent. Le personnage principal est un professeur
            d'université qui quitte son poste, vend tout ce qu'il possède
            et va s'installer dans un endroit isolé au Tibet. Là il rencontre
            un moine qui lui enseigne tous les secrets de sa religion.
            Des années plus tard, le professeur revient dans son pays
            et rencontre une femme. Ils tombent amoureux et se
            marient. Qu'en penses-tu? Tu voudrais le voir?

FABIENNE: Non, pas maintenant que tu m'as tout raconté. Alors
            tais-toi pendant que je choisis un autre film.

◖◖ AVEZ-VOUS COMPRIS? ◗◗

A. Number these statements 1–8 according to their sequence in
the dialogue.

(   ) Fabienne et Marc arrivent au magasin de location de vidéos.

(   ) Marc lui raconte tout le film.

(   ) Marc dit que tout est en règle avec le magasin de location
        de vidéos.

(   ) Fabienne cherche la section des films étrangers.

(   ) Fabienne demande à Marc s'il a sa carte.

(   ) Fabienne demande à Marc ce qu'il pense du film.

(   ) Fabienne trouve un film.

(   ) Fabienne et Marc veulent louer un film.

B. Répondez à ces questions par des phrases complètes en français.

1. Que sont Fabienne et Marc?

2. Où sont-ils?

3. Quel jour est-ce?

4. Que veulent-ils faire?

5. Où vont-ils?

6. Quel genre de film Fabienne voudrait-elle voir?

7. Où est la section des films étrangers?

8. Est-ce que Marc connaît le film que Fabienne veut voir?

C. Et vous?

1. Est-ce que vous louez souvent des vidéos?

2. Etes-vous membre d'un magasin de location de vidéos?

3. Avez-vous un lecteur de cassettes chez vous?

4. Votre famille loue-t-elle ou achète-t-elle généralement des vidéos?
5. Aimez-vous les films étrangers?
6. Connaissez-vous un film de langue française?

◖◗ VOCABULAIRE ◖◗

A. Match the words in columns A and B.

A	B
1. réfrigérateur	a. ordinateur
2. disquette	b. chaleur
3. cassette	c. lecteur de cassettes
4. disque compact	d. courant d'air
5. ventilateur	e. froid
6. radiateur	f. lecteur de CDs

B. Match the synonyms.

A	B
1. amende	a. abandonner
2. enseigner	b. redouter
3. louer	c. éduquer
4. choisir	d. contravention
5. quitter	e. emprunter
6. craindre	f. sélectionner

◖◗ VERBES ◖◗

A. Indicate the familiar command form of each verb.

1. acheter	11. croire
2. montrer	12. étudier
3. se taire	13. être à l'heure
4. perdre	14. ne pas vendre
5. raconter	15. regarder
6. aller	16. dire
7. tenir	17. envoyer
8. boire	18. attendre
9. manger	19. louer
10. répondre	20. faire

B. Change the following statements to the imperative.

MODEL: Tu vas aller chez toi.
Va chez toi!

1. Tu vas acheter un cadeau.
2. Vous allez choisir un film.
3. Tu vas manger du gâteau.
4. Vous n'allez pas boire de champagne.
5. Vous allez ouvrir les cadeaux.
6. Vous allez inviter des amis.
7. Tu ne vas pas dire à Paul que nous organisons une soirée.
8. Vous n'allez pas perdre l'argent que vos parents vous ont donné.
9. Tu ne vas pas vendre ta voiture.
10. Tu vas louer un film.

◖◗ STRUCTURE ◖◗

Complete each statement with the definite, indefinite, or partitive article when required.

1. _____ film est excellent.
2. _____ sœur de Marc s'appelle Fabienne.
3. Nous n'allons pas à _____ école _____ dimanche.
4. Mon frère aime _____ mathématiques. Je préfère _____ littérature.
5. Je n'ai pas _____ voiture.
6. J'ai _____ amis en Angleterre.
7. J'apprends _____ français.
8. Il est né en France. Il est _____ français.
9. Je n'aime aucun _____ films qu'ils ont.
10. Je voudrais _____ film étranger.

19.
Un dîner d'affaires

Avant de lire: *Est-ce que vous mangez trop de certains plats? Lesquels?*

C'est la première fois que sa femme Nicole accompagne Roger à un dîner d'affaires. Ils en sont au dessert.

NICOLE: Roger, combien de fois vas-tu te resservir de dessert?

ROGER: C'est que cette crème glacée est délicieuse, et il y a tant de parfums: vanille, chocolat, fraise, cerise et . . .

NICOLE: *(Elle interrompt.)* Ça suffit. C'est la cinquième fois que tu te ressers. Que vont penser les gens?

ROGER: Mais, chérie, c'est si délicieux.

NICOLE: Tu n'es pas gêné?

ROGER: Absolument pas. Chaque fois que je vais reprendre du dessert, je dis aux autres que cette glace est pour toi.

⬥ AVEZ-VOUS COMPRIS? ⬥

A. Select the word or expression that best completes each statement.

1. Roger et sa femme sont (au restaurant, à un dîner d'affaires, à club).
2. On va servir (le dessert, le dîner, le hors-d'œuvre).
3. Il y a (de nombreux jus, de nombreux thés, de nombreuses glaces).
4. Roger va plusieurs fois (à la soirée, au magasin, à la table) pour se reprendre du dessert.
5. Sa femme se met en colère contre (le serveur, son mari, les invités).
6. Roger dit que le dessert est (délicieux, médiocre, quelconque).
7. Roger n'est pas (triste, gêné, heureux) de manger beaucoup.
8. Roger dit aux autres que la glace est pour (lui, plusieurs personnes, sa femme).

B. Répondez à ces questions par des phrases complètes en français.

1. Où sont Roger et sa femme?
2. Que va-t-on servir maintenant?
3. Qu'est-ce que sa femme lui demande?
4. Quel dessert y a-t-il?
5. Quels parfums y a-t-il?
6. Combien de fois Roger va-t-il se resservir de dessert?
7. Selon Roger, comment est la glace?
8. Est-ce que Roger est gêné de manger autant de glace?

C. Et vous?

1. Allez-vous à des banquets?
2. Aimez-vous cela? Pourquoi?
3. Quel est votre dessert favori?
4. Aimez-vous la crème glacée?
5. Quel est votre parfum préféré?

◖ VOCABULAIRE ◗

A. Match the cardinal numbers in column A with their ordinal numbers in column B.

A	B
1. neuf	**a.** deuxième
2. six	**b.** huitième
3. cinq	**c.** premier
4. un	**d.** neuvième
5. dix	**e.** quatrième
6. huit	**f.** troisième
7. quatre	**g.** cinquième
8. trois	**h.** septième
9. deux	**i.** sixième
10. sept	**j.** dixième

B. Word group. Find a word in the story that is related as either a synonym or an antonym to these words. Give the meaning of both words.

1. le repas	**5.** détestable
2. l'époux	**6.** à l'aise
3. présenter	**7.** sorbet
4. reprendre	**8.** venir avec

◖ VERBES ◗

A. Complete each sentence using the verb and the tense indicated in parentheses.

1. Nicole _____ son mari. *(accompagner; futur)*

2. Marc _____ cinq fois de la tarte. *(reprendre; passé composé)*

3. C'est la première fois que je _____ à cette conférence. *(participer; présent)*

4. Mes parents _____ les desserts délicieux. *(trouver; passé composé)*

5. Mon frère et moi, nous
_____ louer un film. *(vouloir; présent)*

6. Ce _____ très gentil de
votre part. *(être; conditionnel présent)*

7. Est-ce que tu _____
du gâteau? *(vouloir; présent)*

8. J' _____ venir avec *(aimer; conditionnel présent/*
toi, mais je _____. *ne pas pouvoir; présent)*

9. Tu les _____ au dîner. *(voir; future)*

10. Vous _____ de la glace
trois fois. *(reprendre; passé composé)*

B. Complete each command with the familiar form of the verb in parentheses.

1. _____ ta mère!   *(aider)*
2. _____ la télévision!   *(regarder)*
3. _____ à la question!   *(répondre)*
4. _____ la musique!   *(écouter)*
5. _____ ces mots!   *(ne pas répéter)*

◖ STRUCTURE ◗

A. Complete each sentence using the appropriate indirect or direct object pronoun corresponding to the word in parentheses.

MODEL: (Pierre) Je _____ parle.
    Je lui parle.

1. (de la glace) Marc _____ reprend plusieurs fois.
2. (les gens) Il _____ dit que c'est pour sa femme.
3. (à Marc et sa femme) Le serveur _____ apporte la glace.
4. (la glace) Marc _____ a déjà mangée.
5. (sa femme) Marc _____ a invitée au restaurant.
6. (toi) Il va _____ inviter à dîner.
7. (elle) Les invités ne _____ parlent pas.
8. (nous) Ils _____ trouvent gentils.

B. Form a question by matching the interrogative word in column A with the appropriate segment in column B.

A	B
1. Où	**a.** heure rentrez-vous chez vous?
2. Combien	**b.** de fois reprends-tu de la glace?
3. Quand	**c.** allez-vous?
4. Qui	**d.** les gens vont penser?
5. Quel	**e.** Josiane et Marc dînent-ils?
6. Comment	**f.** trouvez-vous la glace?
7. Qu'est-ce que	**g.** avez-vous invité?
8. A quelle	**h.** parfum préférez-vous?

20.
La salle de séjour

AVANT DE LIRE: *Ce qui compte, ce sont les bonnes intentions ...*
Qu'en pensez-vous?

C'est samedi après-midi chez les Richard. Monsieur Richard lit le journal et les enfants jouent dehors. Madame Richard vient juste de rentrer. Elle était sortie faire des achats.

LA DAME: Bonjour! Je suis là!
LE MONSIEUR: Tu as fait des courses?
LA DAME: Oui, regarde ce que j'ai acheté.
LE MONSIEUR: Voyons ce que tu as acheté.
             (La dame sort un paquet de son sac.)

LA DAME: C'est du tissu. Je l'ai acheté parce que je vais te faire une cravate pour ta fête.

LE MONSIEUR: Une cravate? Mais pourquoi tant de tissu?

LA DAME: Parce qu'avec le reste du tissu, je vais me faire une jupe.

➣ AVEZ-VOUS COMPRIS? ➣

A. Select the response that best answers each question or completes each statement.

1. Quel jour est-ce?
   a. vendredi
   b. samedi
   c. lundi
   d. jeudi

2. Monsieur Richard
   a. regarde la télévision.
   b. joue avec le chien.
   c. nettoie la salle de séjour.
   d. lit le journal.

3. Madame Richard revient
   a. du cinéma.
   b. de faire des courses.
   c. du théâtre.
   d. de rendre visite à quelqu'un.

4. Madame Richard
   a. prépare le dîner.
   b. parle au téléphone.
   c. montre ce qu'elle a acheté.
   d. regarde le journal.

5. Madame Richard a acheté du tissu
   a. pour faire de nouveaux rideaux.
   b. pour faire une cravate.
   c. pour le vendre à ses amis.
   d. pour arranger une robe.

6. Madame Richard va
   a. rendre le reste du tissu.
   b. faire une jupe avec le reste du tissu.
   c. donner le reste du tissu à sa sœur.
   d. garder le reste du tissu pour un an.

B. Répondez à ces questions par des phrases complètes en français.

1. Quel jour est-ce?
2. Où est Monsieur Richard?
3. Que fait Monsieur Richard?
4. Que font les enfants?
5. D'où vient Madame Richard?
6. Qu'a-t-elle acheté?
7. Que va-t-elle faire pour son mari?
8. A-t-elle acheté assez de tissu?

C. Et vous?

1. Savez-vous coudre?
2. Achetez-vous vos vêtements?
3. Gardez-vous des vêtements qui sont démodés?
4. Donnez-vous les vêtements que vous ne portez plus?
5. A qui donnez-vous vos vêtements?

◖◖ VOCABULAIRE ◗◗

A. Match the activities described in column A with the rooms in column B.

A	B
1. On dort dans	**a.** la cuisine.
2. On se détend dans	**b.** la chambre.
3. On se lave dans	**c.** la salle à manger.
4. On mange dans	**d.** la salle de bains.
5. On prépare les repas dans	**e.** la salle de séjour.

B. Match the items or services in column A with the store where you would buy them in column B.

A	B
1. chaussures	**a.** mercerie
2. viande	**b.** droguerie
3. dictionnaire	**c.** boucherie
4. pain	**d.** pharmacie
5. fromage	**e.** magasin de chaussures
6. médicaments	**f.** librairie
7. boutons et fil	**g.** crémerie
8. produits d'entretien	**h.** boulangerie

⟪ VERBES ⟫

A. Complete each sentence with the appropriate form of the past tense of the verb in parentheses.

1. Elle _____ du tissu pour faire une jupe. *(acheter)*
2. Cet après-midi, je _____ faire mes
   courses au centre commercial. *(aller)*
3. Sa femme et lui, ils _____ au banquet. *(assister)*
4. Nous _____ le français à l'école. *(apprendre)*
5. Quand vous _____, je _____
   le journal. *(entrer/lire)*

B. Complete the sentences with the appropriate past-tense form of the verb given in the model.

1. J'*ai eu besoin* de beaucoup d'argent pour acheter cette
   maison.
   Jean et Suzanne _____ d'aide.
   Tu _____ de travailler pour réussir.
   Louis _____ de bonnes chaussures pour faire cette
   longue marche.
2. Elle *était* sortie faire des achats.
   J' _____ promener le chien.
   Nous _____ au cinéma.
   Vous _____ quand j'ai téléphoné.

⟪ STRUCTURE ⟫

Replace the direct or indirect object in the following sentences with the appropriate pronoun.

MODEL: On mange dans la salle `a manger.
   On y mange.

1. Elle a acheté du tissu.
2. Son père lisait le journal.
3. Nous regardons la télévision.
4. Ils ont besoin de beaucoup d'argent.
5. Ils ne veulent pas mettre de cravate.
6. Est-ce que vous avez acheté ce tissu?

90

21.
Devant le réfrigérateur

AVANT DE LIRE: *Pensez à votre nourriture favorite. Est-ce que vous trouveriez quelque chose à manger dans le réfrigérateur familial?*

Charles a pour habitude de toujours ouvrir et fermer la porte du réfrigérateur. Maintenant Charles est dans la cuisine avec son père et, comme d'ordinaire, il cherche quelque chose à manger.

CHARLES: *(Fermant le réfrigérateur.)* Il n'y a jamais rien à manger dans cette maison.

LE PÈRE: Pourquoi dis-tu cela? Ta mère revient du supermarché et a acheté des tas de choses. Entre hier et aujourd'hui, elle a dépensé beaucoup d'argent en nourriture.

CHARLES: Oui, mais il n'y a jamais rien que j'aime.
(Son père ouvre à nouveau la porte du réfrigérateur.)

LE PÈRE: Regarde tout ce qu'il y a sur les étagères: le poulet que maman a préparé, la soupe d'hier, du riz, du fromage, et du jambon.

CHARLES: Mais je n'aime rien de tout cela.

LE PÈRE: *(Ouvrant les bacs du réfrigérateur.)* Et regarde ici. Il y a de la laitue, des tomates, des radis, des concombres, des oranges et des pommes.

CHARLES: Je n'aime pas ça non plus.

LE PÈRE: Et dans la porte, il y de la sauce tomate, de la mayonnaise, du beurre, de la confiture, du lait, du jus de fruit et des œufs.
(Charles sort de la cuisine.)

LA MÈRE: Dis donc! Ce garçon n'aime rien! Je suis sûre que ça te donne faim de voir tout ce qu'il y a dans le réfrigérateur.

LE PÈRE: Non, pas vraiment. Charles a raison: il n'y a rien à manger.

⟪ AVEZ-VOUS COMPRIS? ⟫

A. Number these statements 1–8 according to their sequence in the dialogue.

( ) Le père regarde ce qu'il y a dans le réfrigérateur.
( ) La mère vient juste de revenir du supermarché.
( ) Charles dit qu'il n'y a rien à manger dans la maison.
( ) La mère dit que Charles n'aime rien.
( ) Charles ferme la porte du réfrigérateur.
( ) Le père regarde ce qu'il y a dans la porte du réfrigérateur.
( ) Le père regarde ce qu'il y a dans les bacs du réfrigérateur.
( ) Charles ouvre la porte du réfrigérateur.

B. Répondez à ces questions par des phrases complètes en français.

1. Quelle habitude Charles a-t-il?
2. Qu'est-ce qu'il cherche maintenant?
3. Trouve-t-il quelque chose qu'il aime?
4. Combien sa mère a-t-elle dépensé en nourriture?
5. Qu'est-ce que le père montre à Charles?
6. Qu'y a-t-il dans le réfrigérateur?
7. Qu'est-ce que la mère dit à son mari?
8. Comment lui répond-il?

C. Et vous?

1. Est-ce que vous ne mangez qu'à l'heure des repas, ou mangez-vous n'importe quand?
2. Combien de fois par jour mangez-vous?
3. Est-ce que vous ouvrez constamment les portes du réfrigérateur et des placards à la recherche de quelque chose à manger?
4. Dans votre famille, combien dépensez-vous en nourriture par semaine?
5. Etes-vous difficile en ce qui concerne la nourriture?

ꙍ VOCABULAIRE ꙍ

A. Match these antonyms.

A	B
1. ouvrir	a. partir
2. trouver	b. rien
3. toujours	c. aimer
4. quelque chose	d. dépenser
5. venir	e. avant
6. après	f. hier
7. aujourd'hui	g. fermer
8. finir	h. perdre
9. économiser	i. commencer
10. détester	j. jamais

B. Indicate the word that does not belong in the group.

1. fromage   concombre   crème   lait
2. laitue   tomate   œufs   radis
3. café   orange   pomme   cerise
4. boucherie   boulangerie   coiffeur   supermarché
5. cuisine   chaise   salle à manger   chambre

ᗜ VERBES ᗜ

A. Change the following statements to the *passé composé*.

1. La mère de Frédéric va au supermarché.
2. Elle fait les courses samedi.
3. Elle achète des fruits et des légumes.
4. Elle trouve la viande trop chère.
5. Elle rentre à la maison chargée de provisions.
6. Frédéric a faim.
7. Il ouvre le réfrigérateur.
8. Il ne trouve rien de bon.
9. Il sort de la cuisine.
10. Il ferme la porte du réfrigérateur.

B. Complete the sentences with the appropriate infinitive according to the cue. Follow the model.

MODEL: (la bibliothèque)   Il n'y a rien à *lire.*

1. (le réfrigérateur) Il n'y a rien à _____.
2. (la douane) Il n'y a rien à _____.
3. (le magasin de vêtements) Il n'y a rien à _____.
4. (la télévision) Il n'y a rien à _____.
5. (une conversation terminée) Il n'y a rien à _____.
6. (le bar) Il n'y a rien à _____.

ᗜ STRUCTURE ᗜ

A. Change each sentence from the affirmative to the negative.

MODEL: Je vais manger quelque chose.
     Je ne vais rien manger.

1. Je vais appeler quelqu'un.
2. Elle va faire quelque chose.

3. Ils vont toujours à Montréal.

4. Tu as encore des devoirs à faire.

5. Quelqu'un a frappé à la porte.

6. Nous allons tous les jours au supermarché.

7. Tu vas acheter un livre.

B. Complete the following passage by inserting the appropriate words from those given below. Make all the necessary changes.

Frédéric avait toujours **(1)** _____. Il **(2)** _____ toujours la porte du réfrigérateur et il **(3)** _____ qu'il n'y avait **(4)** _____ à manger. Un jour, sa mère lui a dit de **(5)** _____ et d'acheter ce qu'il **(6)** _____. Il est revenu avec beaucoup de **(7)** _____, de bonbons et de **(8)** _____. Pendant une semaine, il était très **(9)** _____, mais petit à petit, il a **(10)** _____ à ouvrir la porte du réfrigérateur. Il a **(11)** _____ que s'il voulait manger **(12)** _____, il devait **(13)** _____ et faire la cuisine.

recommencer	faire les courses	comprendre
aimer	faim	à son goût
rien	dire	faire un effort
sucreries	gâteaux	heureux
ouvrir		

22.
Le café de la librairie

Avant de lire: *Pourquoi allez-vous dans les librairies? Pour feuilleter* (to leaf through) *les livres ou des magazines, pour discuter avec des amis ou pour rencontrer de nouveaux amis?*

Marcel rencontre Thierry au café de la librairie.

Marcel: Bonjour, Thierry. Quelle surprise! Que fais-tu ici?
Thierry: Je suis venu chercher un livre qu'un de mes amis m'a recommandé.
Marcel: Tu lis maintenant? Tu disais toujours que tu détestes lire.

THIERRY: On peut changer, non?

MARCEL: Bien sûr qu'on peut changer, mais je doute que toi, tu puisses changer.

THIERRY: Alors tu crois que j'ai la tête vide? Mon vieux, c'est vraiment injuste.

MARCEL: Oh, pardon! Je crois que je suis un peu dur avec toi. Mais dis-moi, quel livre cherches-tu?

THIERRY: Euh. . . euh. . .

MARCEL: Tu ne connais pas le titre du livre? Allons, dis-moi la vérité.

THIERRY: Tu es vraiment extraordinaire! Je suis ici parce qu'on m'a dit que de jolies filles fréquentent cette librairie.

MARCEL: Maintenant je te crois!

ꙮ AVEZ-VOUS COMPRIS? ꙮ

A. Indicate whether these statements are true or false. Write *V* for *vrai* and *F* for *faux*. If the statement is false, correct it to make it true.

1. (   ) Marcel rencontre Thierry à la librairie.
2. (   ) Marcel demande à Thierry ce qu'il fait à la librairie.
3. (   ) Thierry répond qu'il cherche un livre à lire.
4. (   ) Thierry fait une recherche pour l'un des ses cours.
5. (   ) D'abord, Marcel ne croit pas Thierry.
6. (   ) Marcel s'excuse auprès de Thierry.
7. (   ) Marcel demande à Thierry le livre qu'il cherche.
8. (   ) Thierry donne à Marcel le titre du livre qu'il cherche.

B. Répondez à ces questions par des phrases complètes en français.

1. Où est Marcel?
2. Qui Marcel rencontre-t-il à la librairie?
3. Marcel est-il surpris de voir Thierry?
4. Qu'est-ce que Marcel demande à Thierry?
5. Qu'est-ce que Thierry répond?
6. Est-ce que Marcel le croit?
7. Est-ce que Thierry peut indiquer le titre du livre?
8. Pourquoi Thierry est-il venu à la librairie?

C. Et vous?

1. Aimez-vous lire?
2. Quel genre de livres lisez-vous?
3. Achetez-vous des livres ou préférez-vous les emprunter à la bibliothèque?
4. Allez-vous souvent dans des librairies?
5. Y allez-vous pour regarder des livres ou pour rencontrer des gens?
6. Pensez-vous que la lecture est une bonne chose pour vous?

✆ VOCABULAIRE ✇

A. Match these synonyms.

A	B
1. converser	a. regarder
2. emprunter	b. finir
3. entendre	c. conseiller
4. terminer	d. parler
5. voir	e. écouter
6. recommander	f. louer

B. Antonyms. In French many antonyms are formed by adding the prefix *in-*, *im-*, or *ir-* to an adjective. The same is true in English (for example, *possible* → *impossible*). Give the antonyms of the following adjectives.

1. juste
2. possible
3. réversible
4. crédule
5. responsable
6. patient
7. compatible
8. réparable
9. trouvable
10. mature

C. Use your answers from Exercise B to write five complete sentences.

⟪ VERBES ⟫

A. Supply the appropriate past-tense form of the verb *venir*.

1. Dites-moi pourquoi vous _____ à la librairie.
2. Hier, je _____ chez toi, mais tu n'étais pas là.
3. Lorsque nous étions enfants, nous _____ chez nos grands-parents tous les dimanches.
4. Son père et sa mère _____ le voir à l'hôpital.
5. Quand tu _____, j'étais absent.
6. Régine _____ étudier avec moi avant chaque examen.

B. Supply the appropriate past-tense form of the verb *aller*.

1. Hier, nous _____ au cinéma.
2. Je _____ à la librairie chercher un nouveau livre.
3. Chaque jour, il _____ promener son chien.
4. Est-ce que vous _____ à l'école le samedi quand tu étais jeune?
5. Mes parents _____ au théâtre chaque semaine.
6. Est-ce que tu _____ voir le nouveau film de Woody Allen?

⟪ STRUCTURE ⟫

Complete the sentences with *quel, quelle, lequel, laquelle, lesquels,* or *lesquelles.*

1. _____ livre es-tu venu chercher?
2. _____ de ces livres préférez-vous?
3. A _____ de ces jeunes filles s'adresse-t-il?
4. Il y a trop de livres. Je ne sais pas _____ choisir.
5. _____ de ces librairies fréquentez-vous?
6. _____ langues parles-tu?

23.
Au domicile de l'avocat

AVANT DE LIRE: *Qui devrait gagner davantage: un avocat ou un électricien? Pourquoi?*

Un électricien va chez un avocat pour installer des prises de courant électrique à haute tension. L'électricien termine son travail en trois heures et discute avec l'avocat.

L'ÉLECTRICIEN: Les prises marchent maintenant.
L'AVOCAT: Vous êtes sûr?
L'ÉLECTRICIEN: Oui, vous pouvez les essayer si vous voulez.

L'AVOCAT:	Ce n'est pas nécessaire. Je vous fais confiance. Dites-moi ce que je vous dois. *(L'électricien commence à calculer. Au bout de dix minutes, il présente la note à l'avocat.)*
L'AVOCAT:	Mille francs? Ce n'est pas possible! Vous me comptez trois cents francs de l'heure! Je ne perçois pas une telle somme en tant qu'avocat.
L'ÉLECTRICIEN:	Oui, je sais. C'est pourquoi j'ai laissé tomber le droit pour devenir électricien.

❧ AVEZ-VOUS COMPRIS? ❧

A. Select the word or expression that best completes each statement.

1. Un (peintre, plombier, électricien) va chez l'avocat.
2. L'électricien va installer des (lampes, prises électriques, fils électriques).
3. L'électricien termine le travail en (trois, quatre, cinq) heures.
4. L'électricien dit que les prises (fonctionnent, marchent, travaillent).
5. L'avocat demande à l'électricien combien (il doit, ça coûte, c'est).
6. L'électricien commence à (calculer, préparer, réfléchir).
7. L'électricien compte (un peu, beaucoup, très peu).
8. L'électricien était (un docteur, un avocat, un professeur) avant.

B. Répondez à ces questions par des phrases complètes.

1. Qui va travailler au domicile de l'avocat?
2. Que va-t-il installer?
3. Combien de temps prend-il pour terminer le travail?
4. Qu'est-ce que l'avocat lui demande?
5. Combien de temps faut-il à l'électricien pour établir la facture?
6. Combien l'électricien facture-t-il?
7. Combien prend-il de l'heure?
8. Qui gagne plus: l'électricien ou l'avocat?

C. Et vous?

1. Quelles professions préférez-vous? Pourquoi?
2. Qu'aimeriez-vous faire?
3. Savez-vous ce que vous gagnerez dans votre profession?
4. Est-ce une bonne idée de choisir une activité que vous n'aimez pas mais qui paie bien?

◈ VOCABULAIRE ◈

A. Match the words in columns A and B.

A	B
1. notaire	**a.** théâtre
2. électricien	**b.** hôpital
3. plombier	**c.** tuyaux
4. pompier	**d.** dents
5. biologiste	**e.** salle de classe
6. soldat	**f.** guerre
7. acteur	**g.** avion
8. commerçant	**h.** lumière
9. dentiste	**i.** loi
10. infirmière	**j.** incendie
11. professeur	**k.** boutique
12. pilote	**l.** microbe

B. Complete each statement with a word from column A above. (Note: You may have to make some changes.)

1. J'ai mal aux dents. Je vais chez le _____.
2. Son père opère des avions. Il est _____.
3. Il y a un incendie. Il faut appeler les _____.
4. Il n'y a plus de lumière. Appelons l'_____.
5. Le _____ travaille dans un laboratoire.
6. Une armée se compose de _____.
7. Les _____ travaillent au théâtre.
8. L'_____ aide le médecin.
9. Le _____ enseigne dans une salle de classe.
10. Les tuyaux sont bouchés. Je fais venir le _____.

◖◗ VERBES ◖◗

A. Complete these statements with the appropriate past-tense form of *faire*.

1. L'année dernière j'_____ un voyage en Australie.
2. Ma mère _____ la cuisine tous les jours.
3. Hier, il _____ beau.
4. Les enfants _____ toujours des caprices.
5. Tous les soirs, nos parents nous aidaient à _____ nos devoirs.
6. Cet été-là, il _____ très chaud.
7. Nous vous _____ un prix spécial.
8. Vous _____ un grand effort pour venir.

B. Tell the story in the past tense.

Mon avocat, Monsieur Lemaître, **(1)** _____ *(acheter)* une vieille maison à la montagne. Il y **(2)** _____ *(avoir)* beaucoup de travaux. Monsieur Lemaître **(3)** _____ *(demander)* à un électricien de faire l'installation électrique. Quand l'électricien **(4)** _____ *(finir)* son travail, il **(5)** _____ *(remettre)* sa facture à Monsieur Lemaître. L'avocat **(6)** _____ *(trouver)* les tarifs de l'électricien exorbitants. Il **(7)** _____ *(s'apercevoir)* que les électriciens **(8)** _____ *(gagner)* plus que les avocats. L'électricien lui **(9)** _____ *(dire)* qu'avant d'être électricien, il **(10)** _____ *(faire)* des études de droit. Quand il **(11)** _____ *(se rendre compte)* que les électriciens **(12)** _____ *(gagner)* tant d'argent, il **(13)** _____ *(décider)* de changer de métier. Monsieur Lemaître l'a remercié et lui **(14)** _____ *(dire)* qu'il **(15)** _____ *(devoir)* se remettre au travail.

✆ STRUCTURE ✆

A. Complete the sentences with the appropriate adverb of comparison: *autant . . . que, plus . . . que, moins . . . que, aussi . . . que.*

1. Le professeur pense qu'il devrait gagner _____ un électricien parce qu'il a fait _____ études _____ lui.

2. Est-ce que le travail d'un électricien est _____ difficile _____ celui d'un professeur ou est-ce que l'un travaille _____ l'autre?

3. On fait _____ d'études pour être électricien _____ pour être professeur, mais le travail d'un électricien est physiquement _____ difficile _____ celui d'un prof.

4. Les électriciens ont _____ de vacances _____ les professeurs.

5. Les étudiants ont _____ de vacances _____ tout le monde. C'est peut-être pour cela qu'ils gagnent _____ tout le monde.

B. Complete the statements with the appropriate direct or indirect object pronoun. Make all the necessary changes.

Le professeur **(1)** _____ *(sa maison)* a restauré avec sa famille. Il a appelé un électricien pour **(2)** _____ *(installation électrique)* faire. Quand l'électricien **(3)** _____ *(son travail)* a fini, le professeur **(4)** _____ *(l'électricien)* a demandé combien il **(5)** _____ devait. L'électricien **(6)** _____ *(sa facture)* a donné au professeur. Le professeur **(7)** _____ *(la note)* a trouvé très élevée. L'électricien **(8)** _____ *(le professeur)* a expliqué qu'avant d'être électricien il avait étudié le droit. Il **(9)** _____ *(le droit)* a abandonné pour gagner plus d'argent.

24.
Au salon de coiffure

Avant de lire: *Aimez-vous aller au salon de coiffure. En dehors de vous couper les cheveux, que faites-vous d'autre?*

Henri va chez le coiffeur. Ce n'est que la deuxième fois qu'il y va pour une coupe de cheveux.

Le coiffeur: Bonjour, monsieur. Asseyez-vous, s'il vous plaît.
Henri: Bonjour.
Le coiffeur: Comment voulez-vous que je vous coupe les cheveux aujourd'hui?
Henri: Utilisez des ciseaux pour couper mes cheveux, s'il vous plaît. Laissez les cheveux longs du coté gauche.
Le coiffeur: Et le côté droit? Voulez-vous la même chose?
Henri: Je les veux très courts à droite. Au-dessus de l'oreille droite, mais avec l'oreille gauche couverte.

LE COIFFEUR: Mais monsieur . . .

HENRI: *(Il interrompt.)* Et je les veux très, très courts devant.

LE COIFFEUR: Mais, monsieur . . . Je ne peux pas vous couper les cheveux comme ça.

HENRI: Je ne vois pas pourquoi. C'est comme ça que vous les avez coupés la dernière fois que j'étais ici.

꩜ AVEZ-VOUS COMPRIS? ꩜

A. Match the segments in columns A and B.

A	B
1. L'homme entre	**a.** du côté gauche.
2. L'homme veut	**b.** qu'il ne peut pas couper les cheveux comme ça.
3. Il veut que le coiffeur utilise	**c.** une coupe de cheveux.
4. Il veut les cheveux longs	**d.** la dernière fois.
5. Il veut les cheveux courts	**e.** chez le coiffeur.
6. Le coiffeur dit	**f.** du côté droit.
7. C'est ainsi que le coiffeur l'a fait	**g.** des ciseaux.

B. Répondez à ces questions par des phrases complètes en français.

1. Où va l'homme?

2. Que veut-il?

3. Que demande-t-il au coiffeur d'utiliser?

4. Comment veut-il les cheveux du côté gauche? Et du côté droit?

5. Que dit-il à propos de ses oreilles?

6. Comment veut-il les cheveux devant?

7. Comment le coiffeur répond-il aux souhaits de son client?

8. Que lui dit l'homme?

C. Et vous?

1. Allez-vous souvent chez le coiffeur ou dans un salon de beauté?

2. Est-ce que vous n'y allez que pour une coupe de cheveux ou faites-vous aussi faire une manucure?

3. Vous teignez-vous les cheveux?

4. Vos cheveux sont-ils longs ou courts?

5. Aimez-vous les coupes de cheveux et les styles excentriques et bizarres? Pourquoi?

❧ VOCABULAIRE ☙

A. Match these antonyms.

A	B
1. à gauche	**a.** conformiste
2. long	**b.** derrière
3. sur le côté	**c.** court
4. excentrique	**d.** loin de
5. devant	**e.** à droite
6. près de	**f.** au milieu

B. Opposites. Jeannine insists that things are one way and Pierre says that they are the opposite. Rewrite these statements from Pierre's point of view. Follow the model.

MODEL: La bibliothèque est loin d'ici.
   Non, elle est près d'ici.

1. Tournez à droite!
2. Garez-vous derrière cette voiture!
3. Le magasin est en bas.
4. Le restaurant est près d'ici.
5. Le vent vient de l'est.
6. Je préfère les pays du sud.
7. Il s'est cassé le bras gauche.

❧ VERBES ☙

A. Indicate the commands corresponding to the following verbs. Clues in the rest of the sentence will tell you whether to use the *tu* or *vous* form.

1. Jean-Paul, _____ raisonnable, lui dit sa mère. *(être)*

2. Jean-Paul, _____ votre travail, lui dit le professeur. *(faire)*

3. Jean-Paul, _____ d'une façon excentrique, lui dit sa mère. *(ne pas s'habiller)*

4. Jean-Paul, _____ à l'école comme ça, lui dit le directeur. *(ne pas aller)*

⟶

5. Monsieur, _____–moi les
cheveux très courts. *(couper)*

6. Jeune homme, vous êtes
impertinent. _____ de la classe,
ordonne le professeur. *(sortir)*

7. Monsieur, _____ que vous
êtes ridicule. *(savoir)*

B. Follow the model to give the appropriate form of the
imperative.

MODEL: Je vais regarder cette coiffure.
 Non, *ne la regardez pas.*
 Oui, *regardez-la.*

1. Je vais me faire couper les
cheveux très courts.
Oui, _____.

2. Je vais parler au coiffeur.
Oui, _____.

3. Je vais aller chez le coiffeur.
Oui, _____.

4. Je vais venir avec toi.
Non, _____.

5. Nous allons chercher quelque
chose d'original.
Oui, _____.

6. Je vais mettre cette jupe verte
et ce chemisier violet.
Non, _____.

7. Nous allons faire des études d'art.
Oui, _____.

8. Nous allons partir de la maison.
Oui, _____.

9. Je vais essayer d'être moins ridicule.
Oui, _____.

10. J'ai peur de changer.
Non, _____.

❧ STRUCTURE ❧

A. Form a question based on each statement below. Follow the model.

MODEL: Il s'habille *d'une façon excentrique.*
       Comment s'habille-t-il?

1. Il a choisi *une coupe normale.*
2. Sa mère préfère *les cheveux courts.*
3. *Le coiffeur du coin de la rue* lui coupe les cheveux.
4. Il paie *quarante dollars.*
5. Il a vu deux filles avec la même coupe *au lycée.*

B. Complete this paragraph with the appropriate word from below. Make the necessary changes.

Jean-Paul **(1)** _____ chez le coiffeur **(2)** _____ se trouve en face de son bureau. Il peut **(3)** _____ aller à l'heure du déjeuner. Il y a généralement peu de **(4)** _____. Il veut **(5)** _____ courte avec une mèche plus longue devant. Son **(6)** _____ doit être couverte. Il **(7)** _____ des gens avec des coupes bizarres. Le **(8)** _____ leur demande toujours ce qu'ils **(9)** _____. Ils pensent que des coupes excentriques les font **(10)** _____.

aller	coiffeur	qui	une coupe	vouloir
clients	oreille	remarquer	voir	y

109

25.
Au téléphone

AVANT DE LIRE: *Que faites-vous quand vous voulez sortir dîner et que vos amis veulent manger à la maison?*

Serge est à son bureau quand le téléphone sonne. Sa femme l'appelle de son bureau et lui demande à quel restaurant ils vont dîner ce soir.

SERGE: Allô.

SA FEMME: Allô, Serge. C'est moi. Tu es occupé?

SERGE: Non, qu'est-ce qu'il y a?

SA FEMME: Eh bien, on vient juste d'ouvrir un nouveau restaurant italien près du bureau. Qu'est-ce que tu dirais de dîner là-bas ce soir?

SERGE: Non, chérie, je ne veux pas de repas italien.

SA FEMME: Alors, allons au restaurant français près de la banque.

SERGE: Non, il est très cher et pas très bon.

SA FEMME: Dis-moi où tu veux aller. La dernière fois que nous sommes sortis dîner, c'était il y a trois mois.

SERGE: Tu exagères, mon amour, c'était il y a deux mois et demi.

SA FEMME: Alors, qu'est-ce que tu veux faire?

SERGE: Ecoute, il n'y a pas mieux que ta cuisine. C'est celle que je préfère. Personne ne cuisine comme toi.

SA FEMME: Mais tu m'as promis de sortir ce soir.

SERGE: Ta cuisine est la meilleure. Et d'ailleurs, c'est moins cher.

SA FEMME: Oh, vraiment? C'est toujours la même chose! Serge, tu es incroyablement chiche.

✎ AVEZ-VOUS COMPRIS? ✎

A. Match the segments in columns A and B.

A	B
1. On vient juste d'ouvrir	**a.** lui téléphone.
2. Le restaurant italien	**b.** au bureau.
3. La femme de Serge	**c.** au travail.
4. Serge est	**d.** un restaurant italien.
5. Sa femme est aussi	**e.** chiche.
6. La femme de Serge lui demande	**f.** est près du bureau de sa femme.
7. Serge dit que le restaurant français	**g.** où il voudrait aller dîner.
8. D'après sa femme, Serge est	**h.** est cher.

B. Répondez à ces questions par des phrases complètes en français.

    1. Qui téléphone à Serge?

    2. Où est-il?

    3. Où se trouve sa femme?

    4. Pourquoi sa femme l'appelle-t-elle?

    5. Où se trouve le restaurant qui vient juste d'ouvrir?

    6. Serge veut-il dîner là-bas? Pourquoi?

    7. Que pense-t-il du restaurant français? Pourquoi?

    8. Où vont-ils dîner?

C. Et vous?

1. Est-ce une bonne idée de faire des économies?
2. Est-ce bien d'être trop économe?
3. Quelle est la différence entre quelqu'un d'économe et quelqu'un de chiche?
4. Est-ce bien d'aller dîner au restaurant de temps en temps?
5. Mangez-vous au restaurant?

◄ VOCABULAIRE ►

A. Indicate the word that does belong in the group.

1. téléphoner	appeler	écrire	décrocher
2. annuaire	week-end	vacances	voyages
3. lundi	heure	dimanche	samedi
4. déjeuner	maison	dîner	manger
5. femme	mari	enfants	correspondante

B. Many adverbs are formed by adding *–ment* to the feminine form of the adjective. Form the adverbs for the following adjectives and write a sentence using each adverb.

MODEL: incroyable *incroyablement*

1. heureux
2. réel
3. terrible
4. cruel
5. grand

6. extrême
7. superbe
8. actif
9. véritable
10. agressif

◄ VERBES ►

A. Complete the story by putting the infinitives in the *passé composé*.

Hier Christiane **(1)** _____ *(téléphoner)* à son mari au bureau. Elle lui **(2)** _____ *(demander)* s'il voulait aller dîner au restaurant. Elle **(3)** _____ *(faire)* une réservation dans un nouveau restaurant. Quand ils **(4)** _____ *(sortir)* du bureau, Christiane et son mari **(5)** _____ *(aller)* directement au restaurant. Ils **(6)** _____ *(commander)* un repas italien. Le serveur leur **(7)** _____ *(apporter)* leur repas très vite. Ils **(8)** _____ *(bien manger)* et ils étaient très contents. Ils **(9)** _____ *(revenir)* le lendemain.

B. Use *venir de* to set these sentences in the past.

1. Nous arrivons au restaurant.
2. Ils commandent leur repas.
3. Je consulte la carte.
4. Vous finissez vos devoirs.
5. Tu nettoies la cuisine.
6. Elle se brosse les cheveux.

❧ STRUCTURE ❧

A. Use demonstrative pronouns to reinforce these statements. Make all the necessary changes.

MODEL: J'aime cette cuisine.
   C'est celle que j'aime.

1. J'ai lu ce livre.
2. Il a vu ces tableaux.
3. J'ai rencontré ces filles.
4. Nous avons préféré ces vacances.
5. J'ai acheté cette plante.
6. Je veux cette robe.
7. Il me faut ces instruments.
8. C'est le livre qui est nécessaire.

B. Complete the imaginary telephone conversation between a police officer *(le gendarme)* and Madame Carnot. Play the role of the police officer and ask the questions that correspond to the answers given. The police officer wants to make sure that the purse found on Miriam's desk is Madame Carnot's.

LE GENDARME: **(1)** _____
MME CARNOT: C'est Madame Carnot.
LE GENDARME: **(2)** _____
MME CARNOT: J'habite 3, rue de l'Epée, à Paris.
LE GENDARME: **(3)** _____
MME CARNOT: Mes prénoms sont Monique, Annette, Isabelle.
LE GENDARME: **(4)** _____
MME CARNOT: Vendredi matin, je suis allée faire des courses dans les grands magasins.

→

LE GENDARME: **(5)** _____

MME CARNOT: Oui, c'est tout. Oh! je suis entrée dans une agence de voyages.

LE GENDARME: **(6)** _____

MME CARNOT: L'agence Voyages-Vacances, je crois.

LE GENDARME: **(7)** _____

MME CARNOT: Je voulais acheter un billet pour Paris. J'ai payé par carte de crédit. Je peux vous donner le numéro du reçu.

LE GENDARME: **(8)** _____

MME CARNOT: D'accord, je vais chercher mon sac. Un instant, s'il vous plaît.

(Quelques minutes plus tard.)

Je n'ai plus mon sac. C'était un sac rouge.

LE GENDARME: Ne vous inquiétez pas, Madame. Votre sac est à l'agence de voyages. Vous l'avez oublié là-bas.

26.
A la réception d'un petit hôtel

AVANT DE LIRE: *Que faites-vous quand vous ne pouvez pas payer une facture?*

Il est six heures du matin. Un client quitte sa chambre et se dirige vers la réception pour parler au réceptionniste.

RÉCEPTIONNISTE: Bonjour, Monsieur. Vous avez passé un bon week-end?

CLIENT: Oui, très bon. Malheureusement, je dois partir.

RÉCEPTIONNISTE: Comment était le service?

CLIENT: Excellent. Tout était parfait.

RÉCEPTIONNISTE: Avez-vous pris vos repas au restaurant de l'hôtel?

CLIENT: Oui, et la cuisine était délicieuse.

RÉCEPTIONNISTE: Je suis ravi.

CLIENT: Ah. Au sujet de la note. Il faut que je vous dise que j'ai un petit problème. Je n'ai pas d'argent pour vous régler.

RÉCEPTIONNISTE: Comment ça? Vous n'avez pas d'argent?

CLIENT: C'est vrai. Je n'en ai pas sur moi.

RÉCEPTIONNISTE: Et pourquoi n'avez-vous rien dit jusqu'à maintenant?

CLIENT: Je ne voulais pas gâcher mon week-end.

᥍ AVEZ-VOUS COMPRIS? ᥍

A. Number these statements 1–8 according to their sequence in the dialogue.

( ) Le client déclare au réceptionniste qu'il n'a pas d'argent.

( ) Le client dit qu'il ne voulait pas gâcher son week-end.

( ) Le réceptionniste demande au client s'il a mangé à l'hôtel.

( ) Le client dit que c'était excellent.

( ) Le client quitte sa chambre.

( ) Le client répond que la cuisine était délicieuse.

( ) Le client va parler au réceptionniste.

( ) Le réceptionniste demande au client ce qu'il a pensé du service.

B. Répondez à ces questions par des phrases complètes en français.

1. Où le client a-t-il passé le week-end?
2. A quelle heure le client a-t-il quitté sa chambre?
3. Où est-il allé?
4. Qu'est-ce que le réceptionniste lui a demandé?
5. D'après le client, comment était le service?
6. D'après le client, comment était la nourriture à l'hôtel?
7. Quel est le problème du client?
8. Pourquoi le client n'a-t-il pas mentionné son problème avant?

C. Et vous?

1. Voyagez-vous beaucoup?
2. Quand vous voyagez, descendez-vous à l'hôtel ou chez des parents?
3. Savez-vous ce que coûte une chambre d'hôtel?
4. Ce prix semble-t-il élevé?
5. Quand vous allez à l'hôtel, prenez-vous vos repas à l'hôtel ou en dehors de l'hôtel?

✣ VOCABULAIRE ✤

A. Match these synonyms.

A	B
1. gâcher	**a.** content
2. parfait	**b.** superbe
3. délicieux	**c.** délectable
4. ravi	**d.** régler
5. hôtel	**e.** gâter
6. argent	**f.** attention
7. payer	**g.** hôte
8. facture	**h.** auberge
9. client	**i.** espèces
10. service	**j.** note

B. Complete the sentences with the appropriate word from the list that follows.

Avant de partir nous **(1)** _____ dans un hôtel. Nous avons demandé **(2)** _____ avec douche. Lorsque nous sommes arrivés, nous avons été très bien accueillis à **(3)** _____. Nous avons trouvé **(4)** _____ parfait. Nous n'avons pas déjeuné au **(5)** _____. Mais on nous a dit que **(6)** _____ était excellente. Lorsque nous avons quitté l'hôtel, nous avons payé **(7)** _____ avec une carte de crédit parce que nous n'avions pas **(8)** _____.

la note	des espèces	une chambre
la cuisine	avons fait une	la réception
le restaurant	réservation	le service

117

❧ VERBES ❧

A. Complete the statements with verbs in the *imparfait*.

1. Nous _____ d'accord avec eux. *(être)*
2. Tout _____ parfait. *(être)*
3. Le restaurant _____ des plats délicieux. *(préparer)*
4. Tous les jours, nous _____ nous promener. *(sortir)*
5. Le chien _____ devant nous. *(courir)*
6. Les enfants _____ avec lui. (s'amuser)
7. Nous _____ nous détendre. *(pouvoir)*
8. Il _____ beau. *(faire)*
9. Au bout d'une semaine, nous _____ tous les bons endroits. *(connaître)*
10. Malheureusement, il _____ rentrer chez nous. *(falloir)*

B. Review: passé composé de verbes en *-re* et *-ir*. Complete each sentence with the appropriate form of the verb indicated in parentheses.

1. Il _____ ce matin. *(partir)*
2. Nous _____ leur maison. *(vendre)*
3. Ils _____ le petit déjeuner dans leur chambre. *(prendre)*
4. Vous _____. *(ne rien comprendre)*
5. Tu _____ l'arrivée de Bruno. *(attendre)*
6. Il _____ très tard. *(dormir)*
7. Elle _____ pour attraper l'autobus. *(courir)*
8. Nous leur _____ la main. *(tendre)*
9. Vous _____ beaucoup de temps. *(perdre)*
10. Elles _____ durant les vacances. *(se détendre)*

C. **Review: past tenses of *vouloir* and *pouvoir*.** Complete the statements with the appropriate past-tense form of the verb.

    1. Il _____ venir.   *(ne pas pouvoir)*

    2. Tous les jours, nous _____ sortir. *(vouloir)*

    3. Le client _____ dire qu'il n'avait
        pas d'argent.   *(ne pas vouloir)*

    4. Il pleuvait; les enfants _____ sortir.*(ne pas pouvoir)*

    5. Je _____ essayer mais je n'ai
        pas réussi.   *(vouloir)*

    6. Nous _____ aller au restaurant
        mais il était fermé.   *(vouloir)*

D. **Complete** these statements with the appropriate past-tense form of the verb indicated in the model.

    1. Je n'*ai* rien *dit.*
        Qu' _____ vous _____?
        Ils _____ la vérité.
        Vous _____ que je pouvais partir.
        Nous _____ la même chose.

    2. Je *dois* partir.
        Vous _____ manger pour être fort.
        Il _____ sortir très tôt tous les jours.
        Nous _____ rentrer chez nous.
        Tu _____ faire tes devoirs tous les soirs.

✥ STRUCTURE ✥

Review: *en* and *y*. Rewrite the sentences according to the models.

MODELS: J'ai de l'argent. *J'en ai.*
Je vais au restaurant. *J'y vais.*

1. Je mange du pain.
2. Je vais souvent au cinéma.
3. Je n'ai pas de soucis.
4. Il a beaucoup de problèmes.
5. Ils reviennent de vacances.
6. Vous aimez aller au restaurant.
7. Tu as repris de la glace.
8. Combien y a-t-il de parfums?

SUJET DE CONVERSATION OU DE COMPOSITION

Create a story based on the topic *Comment était votre week-end?*
You may use these suggested cues.

1. Où êtes-vous allé(e)?
2. Avec qui êtes-vous allé(e)?
3. A quelle heure êtes-vous parti(e)?
4. Qu'avez-vous fait?
5. Vous êtes-vous bien amusé(e)?

27.
Au cinéma

AVANT DE LIRE: *Aller au cinéma est l'activité favorite de beau-coup de gens. Quel genre de films aimez-vous?*

Une très jeune femme et une dame d'un certain âge font la queue devant la caisse d'un cinéma pour acheter des billets.

JEUNE FEMME: Je voudrais un billet pour la séance de sept heures, s'il vous plaît.

CAISSIER: Nous sommes complets pour la séance de sept heures.

JEUNE FEMME: Et la séance de sept heures trente. Avez-vous des billets?

CAISSIER: Oui, mademoiselle. Mais ce film est interdit au moins de 17 ans. Je peux voir une pièce d'identité?

JEUNE FEMME: Voilà.

CAISSIER: Très bien, voilà votre billet.
(La jeune femme s'éloigne et la dame âgée s'approche de la caisse.)

DAME ÂGÉE: Je voudrais un billet pour la séance de sept heures trente, s'il vous plaît.

CAISSIER: Voilà, madame.

DAME ÂGÉE: Pardon, monsieur. Vous ne voulez pas voir ma carte d'identité aussi?

CAISSIER: Ce n'est pas nécessaire, madame. Vous avez sans doute fêté vos dix-sept ans au moins quatre fois.

◖ AVEZ-VOUS COMPRIS? ◗

A. Number these statements 1–8 according to their sequence in the dialogue.

(   ) Le caissier tend un billet à la dame âgée.

(   ) Le caissier demande à voir une pièce d'identité.

(   ) La dame âgée s'avance vers la caisse.

(   ) La jeune femme et la dame âgée font la queue devant la caisse du cinéma.

(   ) La jeune femme présente une pièce d'identité.

(   ) La dame âgée demande au caissier si il veut voir une pièce d'identité.

(   ) La jeune femme s'approche de la caisse.

(   ) Le caissier tend son billet à la jeune femme.

B. Répondez à ces questions par des phrases complètes en français.

1. Où la jeune femme et la dame âgée font-elles la queue?
2. Pourquoi font-elles la queue?
3. Qui s'avance de la caisse en premier?
4. Qu'est-ce que le caissier demande à la jeune femme?
5. Est-ce que la jeune femme a au moins dix-sept ans?
6. Qui s'avance de la caisse ensuite?
7. Est-ce que le caissier demande une pièce d'identité à la dame âgée?
8. Qu'est-ce que la dame âgée demande au caissier?

C. Et vous?

1. Aimez-vous aller au cinéma, ou préférez-vous louer des films?
2. Quand est la dernière fois où vous êtes allé(e) au cinéma?
3. Quel film avez-vous vu?
4. Avez-vous plus de dix-sept ans?
5. Est-ce qu'on vous demande votre carte d'identité lorsque vous allez au cinéma ou quand vous voulez louer un film?

❧ VOCABULAIRE ☙

A. Match the synonyms from the two columns.

	A		B
1.	séance	a.	fêter
2.	billet	b.	ticket
3.	s'avancer	c.	projection
4.	acheter	d.	indispensable
5.	célébrer	e.	acquérir
6.	nécessaire	f.	s'approcher

B. Match these antonyms with words from exercise A and write a sentence using each word.

1. vendre
2. s'éloigner
3. inutile
4. décrier

❧ VERBES ❧

A. Review. Complete these statements with the appropriate tense and form of the verb in parentheses. Begin with the *passé composé.*

La dame **(1)** _____ *(dire)* à sa fille: «Demain, nous **(2)** _____ *(aller)* au cinéma. S'il **(3)** _____ *(faire beau),* nous **(4)** _____ *(pouvoir)* nous promener après la séance. Si tu **(5)** _____ *(vouloir)* aller goûter, nous **(6)** _____ *(choisir)* une pâtisserie agréable. Qu'est-ce que tu **(7)** _____ *(penser)* de cette idée? » «C'est formidable, **(8)** _____ *(répondre)* la fillette. J' **(9)** _____ *(aimer)* que demain **(10)** _____ *(être)* déjà aujourd'hui.»

B. Complete each sentence with the appropriate form of *vouloir.*

1. Nous _____ partir hier mais il pleuvait.
2. Il _____ aller au cinéma mais il n'y avait plus de billets.
3. Si vous _____ voir ce film, il faut avoir au moins dix-sept ans.
4. Quand vous _____ partir, dites-le moi.
5. Je _____ un morceau de gâteau, s'il vous plaît.
6. Tu _____ partir tout de suite.

❧ STRUCTURE ❧

Select the correct word or words to complete each statement.

1. Vincent et Christophe vont _____ cinéma.
   a. à la
   b. au
   c. aux
   d. du

2. _____ séance de sept heures était complète.
   a. Un
   b. La
   c. Le
   d. Une

3. La vieille dame parle avec la jeune femme. Elle parle avec _____.
   a. lui
   b. elle
   c. eux
   d. toi

4. Il aime les films _____ aventures.
   a. du
   b. de la
   c. des
   d. d'

5. Il a choisi la glace _____ fraise.
   a. de
   b. à la
   c. au
   d. du

6. Nous allons souvent au cinéma avec _____ copains.
   a. mes
   b. nos
   c. leurs
   d. mon

⟶

7. La séance _____ huit heures est complète.
  a. du
  b. de la
  c. de
  d. des

8. Il a demandé si nous voulions venir avec _____ au restaurant.
  a. eux
  b. nous
  c. lui
  d. moi

9. Nous n'avons pas vu _____ les films de Disney.
  a. tous
  b. toutes
  c. tout
  d. toute

10. Quand ils sont rentrés, leur mère _____ a interrogé.
  a. lui
  b. nous
  c. leur
  d. vous

11. Elle a demandé _____ ils étaient.
  a. qui
  b. quand
  c. où
  d. quoi

12. J'ai vu un _____ film.
  a. mauvaise
  b. bonne
  c. bon
  d. excellente

Create a story based on the topic *Aller au cinéma ou au théâtre.*
You may use these suggested cues.

1. Quand y êtes-vous allé(e)?
2. Avec qui y êtes-vous allé(e)?
3. Quel film ou pièce de théâtre avez-vous vu(e)?
4. Combien les billets ont-ils coûté?
5. Avez-vous aimé le film ou la pièce de théâtre?

28.
Au musée du Louvre

AVANT DE LIRE: *Le musée du Louvre est l'un des plus prestigieux du monde. Aimez-vous l'art? Quel genre de tableaux préférez-vous?*

Un guide au musée du Louvre fait une enquête auprès des visiteurs du musée. Il s'approche d'une visiteuse.

GUIDE: Nous faisons une enquête. Puis-je vous poser quelques
            questions?
VISITEUSE: Oui, bien sûr.
GUIDE: Quelle est votre nationalité?
VISITEUSE: Je suis française.

GUIDE: De quelle ville?

VISITEUSE: De Bordeaux.

GUIDE: Quelle est votre profession?

VISITEUSE: Je suis professeur dans le secondaire.

GUIDE: Puis-je vous demander la raison de votre visite au musée aujourd'hui? Venez-vous voir notre nouvelle collection de primitifs français?

VISITEUSE: En réalité, je suis entrée pour m'abriter de la pluie.

✺ AVEZ-VOUS COMPRIS? ✺

A. Indicate whether these statements are true or false. Write *V* for *vrai* and *F* for *faux*. If the statement is false, correct it to make it true.

1. (   ) Le guide fait une enquête.

2. (   ) Le guide s'adresse à une visiteuse.

3. (   ) Le guide demande l'identité de la dame.

4. (   ) La dame est française.

5. (   ) La dame est de Strasbourg.

6. (   ) Le guide demande à la dame ce qu'elle vient faire au Louvre.

7. (   ) La dame est professeur dans le secondaire.

8. (   ) La dame est entrée pour se protéger de la pluie.

B. Répondez à ces questions par des phrases complètes en français.

1. Où est le guide?

2. Que fait-il?

3. A qui le guide s'adresse-t-il?

4. Qu'est-ce que le guide demande à la visiteuse?

5. De quelle nationalité est la dame?

6. De quelle ville est-elle?

7. Quelle est sa profession?

8. Pourquoi la dame est-elle au Louvre?

C. Et vous?

1. Aimez-vous visiter des musées?

2. Quel genre de musées préférez-vous? Pourquoi?

3. Allez-vous souvent dans les musées?

4. Quand êtes-vous allé à un musée la dernière fois?

5. Quel musée était-ce?

✨ VOCABULAIRE ✨

A. Match these synonyms.

A		B	
1.	enquête	**a.**	prendre refuge
2.	visiter	**b.**	occupation
3.	souvent	**c.**	venir voir
4.	regarder	**d.**	sondage
5.	profession	**e.**	voir
6.	s'abriter	**f.**	fréquemment

B. Match the adjectives in column A with the place names listed in column B.

A		B	
1.	parisien	**a.**	Etats-Unis
2.	espagnol	**b.**	New York
3.	américain	**c.**	Afrique
4.	québécois	**d.**	Colombie
5.	new-yorkais	**e.**	Amérique du Sud
6.	africain	**f.**	Espagne
7.	sud-américain	**g.**	Québec
8.	colombien	**h.**	Paris

C. Who are the inhabitants of the following countries?
1. le Canada
2. l'Italie
3. l'Allemagne
4. la Belgique
5. la Martinique

✨ VERBES ✨

A. Complete these statements with the appropriate form of the verb *venir*.

1. Il _____ de partir
2. Toute la famille _____ hier.
3. Nous _____ de voir cette exposition.
4. Ils _____ voir le nouveau musée.
5. Voulez-vous _____ avec moi?
6. Je pensais qu'il _____ plus tôt.
7. Vous _____ de partir quand le téléphone a sonné.
8. Tu _____ toujours quand je ne t'attends pas.

B. Complete these statements with the appropriate form of *aller* + the infinitive *(futur proche)* to describe what the people are going to do.

1. Moi, je *(visiter)* _____ l'exposition de photos.
2. Mon copain *(faire)* _____ la même chose.
3. Et vous, madame, qu'*(faire)* _____?
4. Nous *(voir)* _____ une amie.
5. Ils *(acheter)* _____ un billet pour aller au cinéma.
6. Nous *(passer)* _____ une heure au café avant la séance.
7. Est-ce que tu *(visiter)* _____ le nouveau musée?
8. Il *(se sécher)* _____ dans le musée.

◖◗ STRUCTURE ◗◗

Match the segments in columns A and B.

A	B
1. La semaine dernière, je	a. déjeuner demain?
2. Hier, nous	b. suis allé(e) visiter une nouvelle maison.
3. Maintenant, nous	
4. Dans une heure, Charlotte	c. est venu la chercher.
5. Le mois dernier, Gisèle	d. va venir chercher son livre.
6. Viendrez-vous	e. au concert hier?
7. Etes-vous venu	f. venons tous les jours.
8. Le père de la fillette	g. est venue nous voir.
	h. sommes venus plus tard.

Sujet de conversation ou de composition

Create a story based on the topic *Le musée*. You may use these suggested cues.

1. Quel est votre musée préféré?
2. Quand y êtes-vous allé(e)?
3. Avec qui y êtes-vous allé(e)?
4. Y avait-il une exposition spéciale quand vous y êtes allé(e)?
5. Avez-vous aimé l'exposition?

29.
Au parc d'attractions

Avant de lire: *Quelles sont certaines des attractions que vous aimez particulièrement au parc d'attractions?*

André et Julien sont amis. La semaine dernière, ils sont allés au parc d'attractions. Voici ce qui est arrivé.

JULIEN: Tu veux une glace? Je te l'offre.
ANDRÉ: Merci.
JULIEN: Tu veux faire un tour sur la grande roue.[1] J'ai déjà acheté les billets.

---

[1] **la grande roue** Ferris wheel

ANDRÉ: Bien sûr, allons-y.
> *(Julien et André vont sur la grande roue.).*

JULIEN: Et maintenant, allons sur les montagnes russes.[2] J'ai acheté des tickets.

ANDRÉ: Merci. Tu es formidable.
> *(Les deux amis font un tour sur les montagnes russes.)*

JULIEN: Voyons, maintenant. Que dirais-tu d'un saut en parachute?

ANDRÉ: Super. Allons-y.

JULIEN: Zut. J'ai un problème. Je n'ai plus d'argent. Est-ce que tu peux m'en prêter? Je te rembourserai.

ANDRÉ: Tu sais quoi? Pourquoi ne pas faire ça une autre fois? A dire vrai, j'ai le vertige.[3]

⟨@ AVEZ-VOUS COMPRIS? ⟩⟩

A. Indicate whether these statements are true or false. Write *V* for *vrai* and *F* for *faux*. If the statement is false, correct it to make it true.

1. (   ) Julien et André sont amis.
2. (   ) Ils vont à un parc d'attractions.
3. (   ) André n'est pas généreux.
4. (   ) Julien n'est pas généreux.
5. (   ) André offre une glace à Julien.
6. (   ) Julien achète les tickets pour la grande roue.
7. (   ) André achète les tickets pour les montagnes russes.
8. (   ) Julien est à court d'argent.

B. Répondez à ces questions par des phrases complètes en français.

1. Où sont André et Julien?
2. Qui achète les glaces pour tous les deux?
3. Quelle attraction choisissent-t-ils d'abord?
4. Qui achète les tickets pour la grande roue?
5. A quelle attraction vont-ils ensuite?
6. Qui paie pour les tickets?
7. Qu'est-ce qui arrive plus tard à Julien?
8. Croyez-vous qu'André a vraiment le vertige?

---

[2]**les montagnes russes** roller coaster
[3]**j'ai le vertige** I'm afraid of heights

C. Et vous?

1. Etes-vous déjà allé(e) à un parc d'attractions?
2. Quand y êtes-vous allé(e) la dernière fois?
3. Est-ce que vous vous êtes bien amusé(e)?
4. Y êtes-vous allé(e) avec votre famille ou des amis?
5. Quelles attractions avez-vous préférées?

◄€ VOCABULAIRE ᗭ►

A. Complete each sentence with the adjective that corresponds to the noun in parentheses. Watch the agreement.

1. C'est une élève _____. *(étude)*
2. Quelle fille _____! *(sympathie)*
3. Mes parents sont _____ dans leur nouvelle maison. *(contentement)*
4. Comme les enfants de Josiane sont _____! *(respect)*
5. Le ministre de ce pays n'est pas _____. *(honnêteté)*
6. C'est une idée vraiment _____. *(origine)*
7. Les vendeurs sont _____. *(amabilité)*
8. Quel ami _____! *(générosité)*

B. Complete each sentence with the appropriate preposition.

1. Marianne revient aujourd'hui _____ Angleterre.
2. Elle vient _____ cinq heures cet après-midi.
3. J'y vais _____ mes amis.
4. Ils ont fait un tour _____ voiture.
5. Les billets sont _____ la table.
6. Pour avoir chaud, il se met _____ la couverture.
7. Le père Noël descend _____ la cheminée.
8. Il ne faut pas avoir le vertige _____ sauter en parachute.
9. Je passe _____ sa maison tous les jours pour me rendre au travail.
10. Nous avons deux jardins, un _____ la maison et un _____ la maison.
11. L'équipe de football anglaise joue _____ l'équipe française.
12. Nous allons _____ mes grands-parents tous les dimanches.

❧ VERBES ❧

A. Complete each sentence with the appropriate past-tense form of the verb in parentheses.

  1. Les deux amis _____ au parc
     d'attractions.   *(aller)*
  2. Quand j'étais petit, je _____
     beaucoup de sottises.   *(faire)*
  3. Il _____ chez moi aujourd'hui.   *(venir)*
  4. C' _____ toujours lui qui _____
     les billets.   *(être/acheter)*
  5. Nous _____ un tour de manège
     (merry-go-round).   *(faire)*
  6. _____ au supermarché?   *(aller; tu)*
  7. Qu' _____ avec les documents?   *(faire; vous)*
  8. Il y _____ beaucoup d'attractions
     dans le parc.   *(avoir)*
  9. Nous _____ au cinéma hier soir.   *(aller)*
  10. Lorsque nous sortions avec eux,
      ils _____ toujours pour tout.   *(payer)*

B. Complete each sentence with the appropriate conditional form of the verb in parentheses.

  1. Je _____ que nos vacances étaient
     très réussies s'il n'avait pas plu.   *(dire)*
  2. Nous _____ contents si la maison
     était plus grande.   *(être)*
  3. Il _____ un tour sur la grande roue
     si il n'avait pas le vertige.   *(faire)*
  4. Vous _____ lui prêter un peu
     d'argent.   *(pouvoir)*
  5. Ils _____ au cinéma s'ils
     n'étaient pas fatigués.   *(aller)*
  6. Il _____ partir plus tôt.   *(falloir)*

◖ STRUCTURE ◗

Complete the following passage by inserting the necessary words from those given below.

Hier, les filles et moi, nous **(1)** _____ passer la journée **(2)** _____ parc d'attractions. J'**(3)** _____ pour la nourriture et nous **(4)** _____ les billets pour les montagnes russes. Nous avons sauté **(5)** _____. Je n'aime pas cette attraction parce que j'ai **(6)** _____. Il **(7)** _____ très chaud. Nous avons mangé **(8)** _____. Il y avait mon **(9)** _____ favori, le chocolat. Après toutes **(10)** _____ dépenses, je n'avais plus d'argent. J'ai dû **(11)** _____ à une de mes amies pour **(12)** _____ l'autobus pour rentrer chez moi.

le vertige	en parachute	payer
parfum	emprunter	ai payé
ces	sommes allées	au
faisait	des glaces	avons partagé

SUJET DE COMPOSITION OU DE CONVERSATION

Create a story on the topic *Une excursion à la campagne ou au parc d'attractions.* You may use these suggested cues.

1. Qu'avez-vous visité?
2. Avec qui êtes-vous allé(e)?
3. Quand y êtes-vous allé (e)?
4. Qu'avez-vous fait?
5. Combien de temps êtes-vous resté(e)?

30.
A la pizzeria

AVANT DE LIRE: *Connaissez-vous des gens "difficiles"? Comment les traitez-vous?*

Une jeune femme entre dans une pizzeria et s'asseoit au comptoir. Le garçon arrive.

LE GARÇON:	Bonjour, madame. Que désirez-vous?
LA JEUNE FEMME:	Une pizza, s'il vous plaît, avec un verre d'eau minérale bien froide.
LE GARÇON:	Quel genre de pizza voulez-vous?
LA JEUNE FEMME:	Une pizza végétarienne moyenne.
LE GARÇON:	Très bien.
	(*Au bout de quelques minutes, le garçon revient avec la pizza et l'eau minérale.*)

LA JEUNE FEMME:	Merci.
LE GARÇON:	Merci à vous.
	(Après une vingtaine de minutes, la jeune femme appelle le serveur.)
LA JEUNE FEMME:	Quel service épouvantable! La pizza était froide et l'eau était tiède. Apportez-moi une autre pizza et un autre verre d'eau.
LE GARÇON:	Mais pourquoi ne me l'avez-vous pas signalé plus tôt? Vous avez presque terminé la pizza et l'eau.
LA JEUNE FEMME:	C'est uniquement parce que je voulais être absolument sûre avant de me plaindre.

AVEZ-VOUS COMPRIS?

A. Match the segments in columns A and B.

A	B
1. Une jeune femme entre dans	**a.** le garçon.
2. La jeune femme s'asseoit	**b.** ce qu'elle désire.
3. Le garçon demande	**c.** au comptoir.
4. La jeune femme commande	**d.** presque toute la pizza.
5. Le garçon demande	**e.** une pizzeria.
6. La jeune femme mange	**f.** qu'elle voulait être sûre avant de se plaindre.
7. La jeune femme appelle	**g.** quel genre de pizza elle veut.
8. La jeune femme dit	**h.** une pizza et un verre d'eau minérale.

B. Répondez à ces questions par des phrases complètes en français.

1. Où est la jeune femme?
2. Que demande-t-elle au garçon?
3. Quel genre de pizza désire-t-elle?
4. Que commande-t-elle à boire?
5. Après combien de temps rappelle-t-elle le serveur?
6. Qu'est-ce que la jeune femme lui dit?
7. Que demande le serveur?
8. Pourquoi la jeune femme n'a-t-elle pas appelé le garçon avant?

C. Et vous?

1. Si le plat n'est pas comme vous le désirez, vous plaignez-vous?
2. Si vous êtes mal servi(e), laissez-vous un pourboire?
3. Est-ce que la jeune femme dans le dialogue a raison? Pourquoi?
4. Est-ce que ce qu'elle fait vous semble approprié?
5. Pensez-vous qu'elle voulait seulement encore de la pizza et de l'eau minérale?

✍ VOCABULAIRE ✍

A. Match these antonyms.

	A		**B**
1.	froid	**a.**	beaucoup
2.	tout	**b.**	se lever
3.	un peu	**c.**	plus tôt
4.	plus tard	**d.**	partir
5.	s'asseoir	**e.**	chaud
6.	venir	**f.**	rien

B. Cognates. Many words that end in *-or* in English end in *-eur* in French. Write the French word that corresponds to each English word.

1.	actor	**6.**	decorator
2.	color	**7.**	favor
3.	editor	**8.**	exterior
4.	motor	**9.**	honor
5.	interior	**10.**	superior

C. Cognates. Many English words that end in *-ar* end in *-ier* or *-aire* in French. However, they may not have the same meaning. Write the French word that corresponds to each English word and check the meaning of each word.

1.	regular	**5.**	solar
2.	popular	**6.**	similar
3.	vulgar	**7.**	familiar
4.	lunar	**8.**	insular

◖ VERBES ◗

A. General review. Complete these statements with the appropriate present-tense form of the verb indicated in parentheses.

1. Tu _____ le train pour aller à Paris. *(prendre)*
2. Le musée du Louvre _____ à Paris. *(être)*
3. Je _____ au cinéma ce soir. *(aller)*
4. Elles _____ faire un voyage. *(vouloir)*
5. Son fils _____ Michel. *(s'appelle)*
6. La fille _____ étudier le français. *(vouloir)*
7. Nous _____ de la moutarde sur le hamburger. *(mettre)*
8. Le garçon _____ la soupe. *(servir)*
9. Vous _____ toujours la vérité. *(dire)*
10. Les enfants _____ très tard. *(dormir)*
11. Les garçons _____ au football. *(jouer)*
12. Je ne _____ pas chanter cette chanson. *(savoir)*
13. Nous _____ à huit heures du matin. *(sortir)*
14. Vous _____ très tôt. *(se lever)*
15. Tu _____ le café au lait. *(préférer)*
16. Je _____ beaucoup de personnes. *(connaître)*
17. Le râgout _____ bon. *(sentir)*
18. Qu'est-ce que tu _____? *(commander)*
19. J'_____ mal à la tête. *(avoir)*
20. Quand _____ -ils? *(partir)*

B. Rewrite the sentences in exercise A in the *imparfait*.

◖ STRUCTURE ◗

Select the correct word or phrase to complete each sentence.

1. C'est la robe _____ dame.
   a. du
   b. de la
   c. des
2. Ce jeu plaît au jeune homme. Il _____ plaît beaucoup.
   a. à elle
   b. lui
   c. à lui

3. Robert va avec Sonia au cinéma. Il y va _____.
   a. avec lui
   b. avec elle
   c. avec nous
4. Les clients entrent _____ le magasin.
   a. sur
   b. dans
   c. avec
5. Elle commande son repas. Elle _____ commande.
   a. le
   b. les
   c. la
6. Il est trois heures _____ l'après-midi.
   a. du
   b. de la
   c. de
7. C'est une ville _____.
   a. vieille
   b. ancienne
   c. ancien
8. _____ est l'acteur du film?
   a. quelle
   b. quel
   c. quelles
9. Ouvrez vos livres! Ouvrez-_____!
   a. la
   b. les
   c. lui
10. Le docteur Roux est _____ bon médecin.
   a. une
   b. un
   c. des
11. Nous devons préparer _____ bagages.
   a. notre
   b. votre
   c. nos
12. Je n'ai pas _____ travail.
   a. du
   b. des
   c. de

13. Nous _____ donnons (à elles) un cadeau.
   a. leur
   b. les
   c. lui
14. Je n'ai _____ question.
   a. aucun
   b. aucune
   c. certaine
15. Tous _____ élèves sont dans la classe.
   a. les
   b. ces
   c. vos

SUJET DE CONVERSATION OU DE COMPOSITION

Create a story based on the topic *Un incident dans un restaurant.*
You may use these suggested cues.

   1. Où est-ce arrivé?
   2. Qu'est-ce qui est arrivé?
   3. Quand est-ce arrivé?
   4. Pourquoi est-ce arrivé?
   5. Comment le problème a-t-il été résolu?

❧ French-English Vocabulary ❧

A

abattre to knock down
abriter, s' to get shelter
accord, d' OK
accueillir to welcome
acheter to buy
acier *(m.)* steel
acteur, actrice *(m., f.)* actor, actress
addition *(f.)* check *(in a restaurant)*
adorer to love
aéroport *(m.)* airport
affaires *(f. pl.)* business, stuff
affreux, -se atrocious
agrandir to make bigger
aider to help
aiguille *(f.)* needle
ail *(m.)* garlic
aise, être à l' to feel comfortable
ajouter to add
ajuster to adjust
alcool *(m.)* alcohol
allô Hello! *(on the telephone)*
amende *(f.)* fine
amuser, s' to have a good time
anniversaire *(m.)* birthday
antipathique unpleasant
appartement *(m.)* apartment
appeler, s' to be called
appétissant, -e appetizing
apporter to bring
approcher to approach
après afterwards
après-midi *(m.)* afternoon
argent *(m.)* money
argent *(m.)* **liquide** cash
arracher to pull out
arranger to arrange
arrêter, s' to stop
asseoir, s' to sit down
assiette *(f.)* plate
attendre to wait
attraper to catch
au-dessus de above
autour de around
avocat *(m.)* lawyer
avoir to have
   avoir besoin de to need
   avoir chaud to be warm
   avoir du mal à to have difficulty in
   avoir faim to be hungry
   avoir froid to be cold
   avoir mal à to hurt

avoir raison to be right
avoir tort to be wrong

B

bac *(m.)* bin (in a fridge)
bagages *(m. pl.)* luggage
balance *(f.)* scale
banlieue *(f.)* suburbs
banque *(f.)* bank
beau, belle beautiful
belge Belgian
besoin de, avoir to need
beurre *(m.)* butter
bibliothèque *(f.)* library
bien sûr of course
bientôt soon
bijou *(m.)* **bijoux** *(pl.)* jewel(s)
bijouterie *(f.)* jewelry store
blague *(f.)* joke
boire to drink
bon, ne good
bon marché cheap
bonbon *(m.)* candy
bord de, au along
bouche *(f.)* mouth
boulevard boulevard
bruyant, -e noisy
bulletin *(m.)* form

C

cadeau *(m.)* present
caisse d'épargne *(f.)* savings bank
caissier *(m.)* bank teller, cashier
campagne *(f.)* countryside
carotte *(f.)* carrot
carte *(f.)* card
carte de crédit credit card
catastrophique catastrophic
cauchemar *(m.)* nightmare
cause *(f.)* cause
cela n'est rien it is not serious
célébrer to celebrate
céleri *(m.)* celery
c'est à dire que that is to say
chaise *(f.)* chair
chalet *(m.)* cottage
chambre *(f.)* bedroom
chariot *(m.)* shopping cart
chaud, avoir to be warm
chèque *(m.)* check
cher, chère expensive; dear
cheveux *(m. pl.)* hair

chez at the house of
chiche cheap *(person)*
chocolat *(m.)* chocolate
choisir to choose
chose *(f.)* thing
cigarette *(f.)* cigarette
cinéma *(m.)* movie theater
circulation *(f.)* traffic
ciseaux *(m. pl.)* scissors
clef *(f.)* key
client, -e *(m., f.)* client, customer
cœur *(m.)* heart
coiffeur *(m.)* hairdresser
coiffure *(f.)* hairdo
commander to order
compartiment *(m.)* compartment
compte en banque *(m.)* bank account
concombre *(m.)* cucumber
confiance *(f.)* confidence
congelé, -e frozen
connaître to know
    n'y rien connaître not to know
      anything about
content, -e happy
contraire, au on the contrary
copain, copine *(m., f.)* pal
cordonnerie *(f.)* shoe-repair shop
cornichon *(m.)* pickle
corvée *(f.)* chore
costume *(m.)* suit
côté, sur le on the side
cou *(m.)* neck
coucher, se to go to bed
coup *(m.)* **d'œil** glance
coupe *(f.)* **de cheveux** haircut
couper to cut
courageux, -se brave
courir to run
couronne *(f.)* crown
cours *(m.)* class
courses *(f. pl.),* **faire les** to go
    grocery shopping
court, -e short
couteau *(m.)* knife
couturière *(f.)* tailor
crêpe *(f.)* crepe
croire à to believe in
cuillère *(f.)* spoon
cuisine *(f.)* kitchen; cooking
cultivé, -e educated
curieux, -se curious
cyclisme *(m.)* bicycling

D

d'accord OK
décider to decide
déclarer to declare
décrocher to answer *(the telephone)*
déçu, -e disappointed
dedans inside
dehors outside
déjà already
déjeuner to have lunch
déjeuner *(m.)* lunch
délicieux, -se delicious
demain tomorrow
demander to ask
dent *(f.)* tooth
dentiste *(m.)* dentist
dépenser to spend
déposer to deposit
déranger to bother
désordre *(m.)* untidiness
dessert *(m.)* dessert
détendre, se to rest
détester to detest
deux-pièces woman's suit
devant in front of
devoir must, to owe
dévorer to devour
difficile difficult
dinde *(f.)* turkey
diriger, se to go to
disque *(m.)* record
distrayant, -e entertaining
doigt *(m.)* finger
doigt *(m.)* **de pied** toe
donner to give
dormir to sleep
douane *(f.)* customs station
douanier *(m.)* customs officer
douleur *(f.)* pain
doute *(m.)* doubt
droit *(m.)* law
droite, à *(f.)* on the right
drôle funny

E

eau *(f.)* water
échange *(m.)* exchange
économies *(f. pl.)* savings
économiser to save money
écrire to write
église *(f.)* church
électricien *(m.)* electrician
embêter to bother

emmener to take (someone) to
employé *(m.)* employee
en avoir assez to be fed up
encore still
endormir, s' to fall asleep
enfin well, finally
engin *(m.)* machine
enquête *(f.)* survey
enseigner to teach
ensemble together
entendre to hear
enterrer to bury
   s'enterrer to live in the sticks
entracte *(m.)* intermission
entrée *(f.)* entrance
envie *(f.), avec* with envy
   avoir envie de to feel like
équitation *(f.)* horseback riding
estomac *(m.)* stomach
étagère *(f.)* shelf
étalage *(m.)* display
été *(m.)* summer
étonnement *(m.), avec* with
     surprise
être to be
   être à l'aise to be comfortable
   être au travail to be at work
   être en vacances to be on vacation
euh! er!
évanouir, s' to faint
examen *(m.)* exam
exécrable atrocious
exorbitant, -e exorbitant
exposition *(f.)* exhibit

F

facile easy
façon, de toute anyway
facture *(f.)* invoice
faire to do
   faire la cuisine to cook
   faire des économies to save money
   faire son lit to make one's bed
   faire du mal to hurt
   faire le ménage to clean house
   faire la queue to be in line
   s'en faire to worry
fait, au by the way
fatigué, -e tired
faux, fausse false
favori, -te favorite
fermier *(m.)* farmer
fête *(f.)* **des Mères** Mother's Day
feuilleter to leaf through

fier, fière proud
fièvre *(f.)* fever
fils *(m.)* son
fois *(f.)* time, instance
fond, au in the back
fontaine *(f.)* fountain
forme, en in shape
fou, folle crazy, mad
fourchette, *(f.)* fork
fourrure *(f.)* fur
fraîchement freshly
fraise *(f.)* strawberry
franchement frankly
fréquenter to attend, to call
frites *(f. pl.)* French fries
froid, avoir to be cold
fromage *(m.)* cheese
fruit *(m.)* fruit
fumer to smoke

G

gâcher to spoil
gagner to earn
garage *(m.)* garage
garçon *(m.)* boy
garde *(m.)* guard
garder to keep
garer to park
gâteau *(m.)* cake
gauche, à on the left
gazon *(m.)* lawn
geler to freeze
genou *(m.)* knee
gens *(m. pl.)* people
geste *(m.)* gesture
goût *(m.)* taste
grand-mère *(f.)* grandmother
grand-parent *(m.)* grandparent
grand-père *(m.)* grandfather
grillé, -e grilled
guerre *(f.)* war
guichet *(m.)* cash register
gymnastique *(f.)* exercise

H

habillé, -e dressed
habiller, s' to dress
habitude *(f.)* habit
habitué, -e regular member
hein? what?, right?
héros *(m.)* hero
heure *(f.)* hour
   à l'heure on time
   de bonne heure early

Quelle heure est-il?
What time is it?
heureusement fortunately
hiver *(m.)* winter
honte, avoir to be ashamed

I

ignorer to ignore
impersonnel, -le impersonal
indécent, -e indecent
installation électrique *(f.)* electrical
    wiring
installer, s' to settle down
intérêts *(m. pl.)* interest
interrogation *(f.)* test
interroger to ask

J

jambe *(f.)* leg
jardin *(m.)* garden
jeune young
jeune marié *(m.)* newlywed
jeunesse *(f.)* youth
joli, -e pretty
jouer to play
jus *(m.)* juice

L

laisser to let
    laisser tomber to drop
lait *(m.)* milk
laitue *(f.)* lettuce
laver to wash
légendaire legendary
légume *(m.)* vegetable
lendemain *(m.)* the next day
lessive *(f.)* wash
librairie *(f.)* bookstore
ligne *(f.)*, **garder la** to keep one's
    figure
linge *(m.)* clothes, laundry
long, -ue long

M

magazine *(m.)* magazine
maigrir to loose weight
main *(f.)* hand
maintenant now
mal à l'aise uncomfortable
malade sick
maladie *(f.)* disease
manger to eat
manquer to be missing

maquiller, se to put on makeup
marcher to work *(for machinery)*
    cela marche bien it is
        going well
marié *(m.)* groom
mariée *(f.)* bride
marier, se to get married
marron *(m.)* chestnut
masque *(m.)* mask
matin *(m.)* morning
mauvais, -e bad
médecin *(m.)* doctor
médicament *(m.)* medicine
mercerie *(f.)* haberdasher's shop
mettre to put
meuble *(m.)* furniture
microbe *(m.)* microbe
midi *(m.)* noon
mieux better
    tant mieux so much the
        better
mine *(f.)* look
moche ugly
mode *(f.)* fashion
    à la mode fashionable
    suivre la mode to follow
        the fashion
moine *(m.)* monk
monde *(m.)*, **du** people
moniteur *(m.)* instructor
montre *(f.)* watch
mort(e) de fatigue dead tired
moutarde *(f.)* mustard

N

nappe *(f.)* tablecloth
natation *(f.)* swimming
nerveux, -se nervous
nettoyer to clean
nez *(m.)* nose
Noël *(m.)* Christmas
note *(f.)* bill
nourriture *(f.)* food
nouveau, nouvelle new
nouvelles *(f. pl.)* news

O

occupé, -e busy
occuper de, s' to take care of
œil *(m.)* **yeux** *(pl.)* eye(s)
œuf *(m.)* egg
oignon *(m.)* onion
ongle *(m.)* nail

orange *(f.)* orange
oreille *(f.)* ear
organiser to organize
oublier to forget

P

papiers *(m. pl.)* papers
paquet *(m.)* package, bag
paresseux, -se lazy
parler to speak
part de, de la from
partenaire *(m., f.)* partner
parti, -e gone
partout everywhere
passer, se to happen
patin à glace *(m.)* ice skate
payer to pay
pays *(m.)* country
percevoir to cash
perdre to lose
permettre to allow
persil *(m.)* parsley
peser to weigh
petit déjeuner *(m.)* breakfast
peu little
peut-être maybe
pharmacie *(f.)* drugstore
pièce *(f.)* room, play
pièce *(f.)* **d'identité** ID
pied *(m.)* foot
pierre *(f.)* stone
piqûre *(f.)* shot
piscine *(f.)* swimming pool
place *(f.)* seat
  de la place room
plaire to like
  cela me plaît I like that
plat *(m.)* dish
  plat *(m.)* **de résistance** main dish
plein de full of
pleurer to cry
pleuvoir to rain
poids *(m.)* weight
point, à medium *(in cooking)*
poire *(f.)* pear
poisson *(m.)* fish
poitrine *(f.)* chest
poivron *(m.)* pepper
pomme *(f.)* apple
portefeuille *(m.)* billfold
pourboire *(m.)* tip
précipiter, se to rush
prendre to take

pressé(e), être to be in a hurry
prêt, -e ready
prêter to lend
prévoir to anticipate
prochain, -e next
promener, se to take a walk, to go
  for a ride
promettre to promise
province *(f.)* the country
provisions *(f. pl.)* groceries
puisque since
punir to punish

Q

quelque chose something
Qu'est-ce que tu as? What is the
  matter with you?
queue *(f.)* line
quincaillerie *(f.)* hardware store

R

radis *(m.)* radish
râgout *(m.)* stew
raie *(f.)* part
raison, avoir to be right
randonnée *(f.)* hiking
rangée *(f.)* row
ranger to put away
râper to grate
rappeler to remind
  se rappeler to remember
rater to miss
rayon shelf
recommander to recommend
reconnaître to recognize
réfléchir to think
regarder to look at
régime, être au to be on a diet
règle *(f.)* rule
  en règle in order
regretter to regret
réjouir, se to rejoice
remarquer, se faire to show off
rencontrer to meet
rendez-vous *(m.)* appointment
rendre to make
  rendre + *adjective* to make +
   adjective
repas *(m.)* meal
reposer, se to rest
résolution *(f.)* resolution
respirer to breathe
ressembler to look like

restaurer to restore
rester to stay
retard, être en to be late
retourner to go back
réussi, c'est it's a success
réussir to succeed
réviser to review
rien nothing
rire to laugh
rivière *(f.)* river
robe *(f.)* dress

S

sale dirty
salle *(f.)* **de séjour** living room
salut hello, goodbye
santé *(f.)* health
satisfait, -e satisfied
savoir to know
séance *(f.)* show, performance
  séance *(f.)* **de cinéma** movie show
sentir to feel, to smell
  se sentir bien/mal to feel well/bad
serviette *(f.)* napkin
servir to serve
sinon otherwise
soir *(m.)*
soirée *(f.)* party
somme *(f.)* amount, sum
sortir to go out
souci, se faire du to worry
souhaiter to wish
souvenir *(m.)* souvenir
souvenir, se to remember
suivre to follow
  suivre un cours to take a class
sujet de, au about
supermarché *(m.)* supermarket
surpris, -e surprised
surveiller to watch carefully
sympathique nice
symptôme *(m.)* symptom

T

table *(f.)* table
taille *(f.)* size
taire, se to be quiet
tard late
tarif *(m.)* tariff
tarte *(f.)* tart
tas *(m.)* pile
tasse *(f.)* cup

teinturerie *(f.)* dry cleaner's
tellement . . . que so . . . that
temps *(m.)* weather
  à temps on time
  tout le temps all the time
tendre to hand to
tête *(f.)* head
thé *(m.)* tea
toilettes *(f. pl.)* bathroom
tomate *(f.)* tomato
tomber to fall
tondre to cut
tort, avoir to be wrong
toujours always
tout à fait totally
tout de suite immediately
train de, en in the process of
travail *(m.)* **travaux** *(pl.)* work
travailler to work
trop too much, too many
trou *(m.)* hole
truc *(m.)* something (slang)
tuer to kill

V

vacances *(f. pl.)* vacation
vaccination *(f.)* vaccination
valise *(f.)* suitcase
vendeur *(m.)* salesman
vendre to sell
vendredi *(m.)* Friday
venir to come
  venir de to have just
ventilateur *(m.)* fan
verre *(m.)* glass
vertige *(m.)* fear of heights
vêtement *(m.)* clothing
ville *(f.)* city
violet, -te purple
visage *(m.)* face
vitrine *(f.)* window of a shop
vœu *(m.)* **vœux** *(pl.)* wish(es)
voir to see
voisin *(m.)* neighbor
voiture *(f.)* car
voyage *(m.)* trip
voyager to travel
vrai, -e true
vraiment really

Z

Zut! Darn!